ACTES
DU
CHAPITRE GENERAL DE L'ORDRE DE CLUNY.

ANNE'E 1728.

A PARIS,
Chez PIERRE SIMON, seul Imprimeur de l'Ordre de Cluny, au bas de la ruë de la Harpe, à l'Hercule.

MDCCXXIX.

TABLE DES PIECES CONCERNANT le Chapitre General.

ARREST DU CONSEIL D'ESTAT DU ROY,

AU SUJET DU CHAPITRE GENERAL de l'Ordre de Cluny, tenu au Prieuré de S. Martin des Champs le 22. Avril 1725.

EXTRAIT DES REGISTRES DU CONSEIL D'ETAT.

LE ROY ayant par Arrêt de son Conseil du 25. Novembre 1724. ordonné la tenuë d'un Chapitre general de l'Ordre de Cluny, & ayant nommé le sieur Cardinal de Bissi, le sieur Archevêque de Roüen, & le sieur Maboul Maître des Requêtes, pour assister en qualité de Commissaires de Sa Majesté audit Chapitre, y regler les contestations qui agitent les deux Observances dudit Ordre, & aviser aux moyens les plus convenables de faire executer les Statuts & Reglemens faits dans les differens Chapitres generaux, & principalement dans le Chapitre tenu en 1693. Vû le Procès verbal de tout ce qui a été fait & deliberé audit Chapitre general tenu le 22. Avril dernier & jours suivans, en execution dudit Arrêt du Conseil d'Etat, ensemble l'avis desdits sieurs Commissaires: Oüy le Rapport, & tout consideré. SA MAJESTE' ETANT EN SON CONSEIL, en conſequence de l'Arrêt de ſon Conſeil du 25. Novembre 1724, qui ordonne que les Religieux, tant de l'Ancienne, que de l'Etroite Obſervance de Cluny, ſeront reçûs dans le College de Paris pour faire leurs Etudes, & conformément à l'avis deſdits ſieurs Commiſſaires, attaché à la minute du preſent Arrêt, a approuvé & confirmé, approuve & confirme tout ce qui a été arrêté au Chapitre general dudit Ordre, tenu ledit jour 22. Avril dernier & jours ſuivans, ſur la maniere dont les Religieux, tant de l'une, que de l'autre Obſervance, vivront dans ledit College, ſur la part que chacune deſdites Obſervances aura dans les revenus & bâtimens dudit College, & autres conventions faites entre le ſieur Abbé de Cluny & les Religieux de l'une & l'autre Obſervance, enſemble tout ce qui a été reglé & ordonné par leſdits ſieurs Commiſſaires pendant la tenuë dudit Chapitre; & attendu qu'il ſe trouve pluſieurs conteſtations qui n'ont pû être reglées audit Chapitre, & ſur leſquelles leſdits ſieurs Commiſſaires ont reſervé de donner leurs avis, enſemble ſur quelques Reglemens qu'il eſt neceſſaire de faire, & ſur les moyens de faire executer les Statuts & Reglemens dont l'obſervation eſt négligée, SA MAJESTE' a ordonné & ordonne que le ſieur Abbé de Cluny & les Procureurs generaux dudit Ordre, chacun pour leur Obſervance, remettront inceſſamment auſdits ſieurs Commiſſaires les pieces & mémoires concernans leſdits Reglemens & conteſtations. Ordonne pareillement que les Viſiteurs & grands Vicaires, ou ceux qu'ils commettront à leurs places, quand il en ſera beſoin, tant de l'Ancienne que de l'Etroite Obſervance, feront inceſſamment la viſite de toutes les Maiſons, chacun de leur Obſervance, dans leur département, dreſſeront des Procès verbaux de l'état de chacune deſdites Maiſons, des bâtimens & lieux réguliers, des revenus, fondations qui doivent être acquittées, dettes & autres charges, du nombre des Offices Clauſtraux, du nom des Religieux qui les poſſedent, & de ceux, tant de l'une que de l'autre Obſervance, actuellement demeurans dans leſdites Maiſons, & de l'Habit qu'ils portent, de la Province & Dioceſe où leſdites Maiſons ſont ſituées, & des Benefices qui en dépendent, dont ils feront auſſi la viſite & dreſſeront des Procès verbaux, auſquels ils joindront leurs avis ſur celles deſdites Maiſons, où la Conventualité de douze ou dix Religieux au moins, pourra s'établir le plus facilement, tant par rapport aux revenus & bâtimens, qu'à la ſituation des lieux, & celles où la Conventualité ne peut être établie, & dont les revenus, Manſes & Offices, pourront le plus commodément être réünis, ſuivant les regles preſcrites pour former leſdites Communautez, enſemble ſur les moyens de trouver les fonds convenables pour la réédification & conſtruction des bâtimens. Enjoint SA MAJESTE' auſdits Viſiteurs de rendre leurs Procès verbaux les plus exacts que faire ſe pourra, & de les envoyer au Procureur general de chaque Obſervance, au plus tard dans le délai de quatre mois, à peine d'être fait aux dépens de celui deſdits Viſiteurs, Grands Vicaires & autres qui n'auront pas fait un Procès verbal fidele, ou qui ne l'auront pas envoyé dans ledit tems. Veut SA

MAJESTE' que conformément à l'Arrêt de son Conseil du 15. Janvier 1677, à la Déliberation du Chapitre general de 1678, & à l'Arrêt du Grand Conseil de 1702, les Receveurs & Fermiers des Benefices où la visite sera faite, soient tenus de payer ausdits Visiteurs pour les frais de leurs visites, la somme de trente livres par jour, à la charge par les Visiteurs de n'employer pas plus d'un jour à la visite de chaque Prieuré simple, & plus de trois à celle de chaque Prieuré Conventuel; & seront lesdits Fermiers contraints par toutes voyes dûës & raisonnables au payement desdites sommes, lesquelles leur seront alloüées sur les quittances desdits Visiteurs. Ordonne SA MAJESTE' que lesdits Procès verbaux seront remis audits sieurs Commissaires dans le tems prescrit par le present Arrêt par le Procureur general de chaque Observance, pour être par eux examinez, & ensuite donné leur avis à Sa Majesté sur iceux, ensemble sur les Reglemens qu'il conviendroit faire, & sur la décision de toutes les contestations qui agitent les deux Observances, même sur celles qui pourront survenir dans la suite, & celles que ledit sieur Abbé & lesdits Religieux peuvent avoir entre eux; pour le tout vû & rapporté à Sa Majesté, être par Elle ordonné ce qu'il appartiendra. Et pour l'execution de tout ce qui aura été statué par Sa Majesté sur le Procès verbal & avis desdits sieurs Commissaires, SA MAJESTE' a ordonné & ordonne que par l'Abbé, Chef & Superieur general de l'Abbaye & de tout l'Ordre de Cluny, le Chapitre general dudit Ordre sera convoqué pour être tenu le troisiéme Dimanche d'après Pâques de l'année prochaine dans le Prieuré de saint Martin des Champs à Paris, en la forme & maniere prescrite par l'Arrêt du grand Conseil du 30. Mars 1705, & observée dans les derniers Chapitres generaux, & ce en présence dudit sieur Cardinal de Bissi, dudit sieur Archevêque de Roüen & dudit sieur Maboul, que Sa Majesté a commis à cet effet; dans lequel Chapitre tout ce qui aura été ordonné par Sa Majesté sera lû & publié, pour être par toutes les Parties exactement gardé, observé & executé selon sa forme & teneur. N'entend Sa Majesté que la convocation & tenuë dudit Chaptre general dans le Monastere de saint Martin des Champs puisse préjudicier aux droits de l'Abbaye de Cluny, ni aux anciens usages dudit Ordre; & sera le present Arrêt executé, nonobstant toutes oppositions & autres empêchemens quelconques, pour lesquels ne sera differé, & dont si aucuns interviennent, Sa Majesté se reserve la connoissance, & icelle interdit à toutes ses Cours & autres Juges. FAIT au Conseil d'Etat du Roi, SA MAJESTE' y étant, tenu à Chantilly le 11. Juin 1725. Signé, PHELYPEAUX, avec paraphe.

LOUIS par la grace de Dieu Roi de France & de Navarre, Dauphin de Viennois, Comte de Valentinois & Dyois, Provence, Forcalquier, & Terres adjacentes: Au premier notre Huissier ou Sergent sur ce requis, Nous te Mandôns & Commandons que l'Arrêt dont Extrait est ci-attaché sous le Contrescel de notre Chancellerie, cejourd'hui donné en notre Conſeil d'Etat, Nous y étant, pour les cauſes y contenuës, tu ſignifies à tous qu'il appartiendra à ce qu'aucun n'en ignore, & faſſes pour ſon entiere execution tous commandemens, autres actes & exploits requis & néceſſaires, ſans demander autre permiſſion, nonobſtant Clameur de Haro, Chartres Normandes & Lettres à ce contraires : Car tel eſt notre plaiſir. Donné à Chantilly le onziéme jour de Juin, l'an de grace mil ſept cens vingt-cinq, & de notre Regne le dixiéme. Signé, LOUIS. Par le Roy Dauphin, Comte de Provence. Signé PHELYPEAUX avec paraphe, & ſcellé du grand Sceau.

Collationné aux Originaux, par Nous Conſeiller, Secretaire du Roi, Maiſon Couronne de France, & de ſes Finances.

INDICTIO
CAPITULI GENERALIS
ORDINIS CLUNIACENSIS,

Pro anno 1728.

HENRICUS OSVVALDUS A TURRE ARVERNIÆ, Dei & ſanctæ Sedis Apoſtolicæ gratiâ Archiepiſcopus & Comes Viennenſis, maximus Galliarum Primatum Primas, ac in Viennenſi ſeptemque aliis Provinciis indulto Apoſtolico, vices Summi Pontificis gerens; eâdemque gratiâ Abbas, Caput, Superior Generalis & Adminiſtrator perpetuus ſacræ Abbatiæ & totius Ordinis Cluniacenſis: Omnibus & ſingulis nobis ſubditis, Abbatibus, Filiis, Doctoribus, Prioribus, Decanis, Rectoribus, Primariis, Gubernatoribus, Obedientiariis, Præpoſitis, & Religioſis utriuſque Obſervantiæ: tam in Galliarum Regno Chriſtianiſſimo, quàm in toto Orbe Chriſtiano, ad quos hæc publicatio pervenire poterit, Salutem in Domino.

Capitulum generale Ordinis noſtri poſtremò habitum anno 1725. ſubſequentem Conventum generalem triennio poſt, hoc ſcilicet anno, ad tertiam Dominicam poſt Paſcha, in Abbatia Cluniacenſi celebrandum indixerat. Quod ſanè tempus eo feliciori omine expectabamus, quòd innixi ſpeciali Regis præſidio, prudentiâque & zelo Miſſorum Dominicorum, quos Ordo noſter jurium diſſidiorumque gloriatur habere deſignatos arbitros, firmam in Domino ſpem haberemus, hujuſce Capituli generalis ope, revocandam eſſe demùm in Ordine pacem exoptatiſſimam perfectamque diſciplinæ regularis Obſervantiam.

Neque etiam in tanta rerum neceſſitate, Paſtorale ſanctæ Sedis officium defuit Cluniacenſi Ordini, quem nimirùm *nihil à Paſtore, nihil à Petro; nihil à Chriſto, quæ omnia in uno ſummo Pontifice habet, ſeparare poterit.* Placuit enim ſanctiſſimo D. D. N. Benedicto Papæ XIII quò utiliùs & ad univerſi Ordinis bonum efficaciùs huic Capitulo præſideremus, Brevi Apoſtolico ad nos dato, quod Litteris Patentibus à Rege confirmari poſtulavimus, ſupremam illam ſanctæ Sedis in Ordinem noſtrum auctoritatem, auctoritati huic ordinariæ noſtræ adjungere, quem ex ipſa ſancta Sede accepimus olim, cùm nos Bullis Apoſtolicis, *Caput generale, nec non Superiorem Generalem totius Ordinis conſtitueret atque deputaret.*

Petr. Ven. L. I. Ep. 1.

Quo profectò Brevi Apoſtolico, tamquam viâ ad ineundam pacem aptiſſimâ, intercludendas eſſe prorsùs confidimus, vanas illas ſcilicet, ſed frequentiùs arreptas Ordinis conturbandi occaſiones.

Verùm cùm controverſiæ, quarum judicium in Superiori Capitulo generali dilatum fuerat, nondum dirimi abſolutè potuerint, imò novæ exortæ ſint ſuper gratiâ illâ ſpeciali, quam ſummus Pontifex nobis indulſit; viſum eſt Regi Chriſtianiſſimo de conſilio Miſſorum Dominicorum imperare, differri à nobis Capitulum generale, ut dato tempore Miſſis Dominicis ante celebrationem Capituli generalis, de litibus omnibus ferendi ſententias, nihil omninò poſtea prohiberet, quominùs decreta in hoc Capitulo ſancienda, Pontificiâ ſimul & Regiâ auctoritate munirentur, eâque potiſſimum ratione pax in Ordine ſtabiliretur firmiſſima, unde juxta vota noſtra conatuſque noſtros regularis diſciplina refloreſceret.

Quapropter dilecti Filii, vobis omnibus & ſingulis Eccleſiæ Cluniacenſi, nobiſque tam mediatè quàm immediatè ſubditis, Abbatibus, Filiis, Doctoribus, Prioribus, Decanis, Rectoribus, Primariis, Gubernatoribus, Præpoſitis, Obedientiariis & Religioſis utriuſque Obſervantiæ, qui de jure vel conſuetudine Capitulo generali adeſſe debetis, mandamus & in virtute ſanctæ Obedientiæ præcipimus, ut nullâ cunctatione interpoſitâ, & ſine ulla tergiverſatione, conveniatis ad Capitulum generale totius Ordinis, quod Deo juvante habebimus Dominicâ VII. poſt Pentecoſten, die verò quartâ Julii proximè futuri, in Collegio noſtro Cluniacenſi Pariſiis, pro hac vice, & ſalvo ſemper jure Matricis Eccleſiæ Cluniacenſis, pro Capitulis ſequentibus habendis, ut moris eſt.

Ut in eodem Monaſterio in quo curis ac laboribus trium Virorum illuſtrium * quos Ludovicus Magnus in Capitulo generali anni 1676. miſſos Dominicos deputaverat, ambarum interſe Ordinis Cluniacenſis Obſervantiarum unio feliciter incœpta eſt; operi tam exoptato ultima tandem

* Harlæus Arch. Pariſienſis, P. de la Chaize Regi à Confeſſionibus, & Peliſſon Libellorum ſupplicum Magiſter.

manus imponatur, allaborantibus pariter tribus Missis Dominicis, * quorum hodie dignitatem cum auctoritate prudentiâque conjunctam non minùs reveretur atque suspicit universus Ordo.

* Card. de Bissy, de Tressan Arch. Rotomagensis, & Maboul Libellorum supplicum Magister.

Qui cùm superiori Capitulo generali Regis nomine jam interfuerint, cum sapientiâ suâ, tum auctoritate Regiâ consequi demùm facilè poterunt, ut Religiosi omnes integram præstent obedientiam Decretis Capitulorum præcedentium, præsertim annorum 1676. 1678. & 1693. quæ quidem ut executioni mandarentur, tot Regiis Edictis sancitum est, tum Ludovici Magni, tum Regis feliciter regnantis, adeò ut iis decretis hodierna constet atque repræsentetur Ordinis Cluniacensis disciplina.

Et verò non aliâ certè viâ adimplere nos posse confidimus munus illud à summo Pontifice, occasione Capituli Generalis anni 1725. nobis affectu verè paterno demandatum, *ut* nimirùm *in antiquâ Ordinis Observantiâ, vita communis & claustralis disciplina servetur, utque inter Antiquam & Strictam Observantiam unitas & uniformitas Regiminis stabiliatur.*

Eò spectare profectò debet ipsum Capitulum generale celebrandum; eò spectant studia omnia nostra; eò tandem spectabit omnis, quam habemus à sancta Sede, in universum Ordinem auctoritas.

In idipsum totis viribus incumbite, Fratres dilectissimi, atque vestris tùm precibus apud Deum Omnipotentem, tum consiliis & adhortationibus apud fratres adhibendis, promovete efficaciter in Domino opus illud, procurandæ Gloriæ divinæ; ædificandæ Ecclesiæ, illustrando denique atque augendo Ordini tam idoneum.

Accedite igitur omnes & singuli cum fervore spiritûs, & resecatis animi altercationibus, de injunctis vobis muneribus, & de Monasteriis vestris rationem reddituri, vosque tam statutis antiquis in hoc Capitulo instaurandis, quàm novis ordinationibus & decretis in eo faciendis, prompto ac obedienti animo subdituri.

In Beneficiis verò commendatis, eorumdem Monasteriorum Prior Claustralis loco commendatarii veniat.

Quod si morbo aut aliquâ gravi causâ aliquis præfatorum accedere non possit, per sufficientem & ex Ordine constitutum Procuratorem mittat suum exonium bonâ fide & sine fraude. Monemus autem, atque in Domino obsecramus omnes & singulos venientes ad Capitulum generale, ut memores horum quæ de seipso dicit Apostolus: *Christi bonus odor sumus in omni loco*, in itinere quod hujus Capituli causâ suscepturi estis, tam in hac Regia urbe, quàm in alio quolibet loco, eam frugalitatem, modestiam, gravitatem in verbo & conversatione servetis, quæ decent Viros Religiosos, ad perfectioni Christianæ specialiter, votisque solemnibus mancipatos.

Ut verò Capituli generalis actio, Dei ope & auxilio, ad nominis ejus gloriam, animarum nostrarum salutem, ac totius Ordinis decus & utilitatem faciliùs succedat, piis precibus misericordiam Dei invocate, ut ea quæ muneris nostri sunt, implentes, largiorem divinarum gratiarum communicationem nobis & vobis omnibus obtinere valeamus.

Quapropter indicimus atque jubemus, ut in omnibus domibus nostris, post indictionis nostræ promulgationem, una Missa de Spiritu sancto celebretur, & in singulis Missis Conventualibus, quoadusque Capitulum generale absolutum & dimissum fuerit, quotidie Spiritûs sancti fiat specialis, per orationem ad id propriam, commemoratio & invocatio, ut *quæcumque sunt vera, quæcumque pudica, quæcumque justa, quæcumque sancta, quæcumque amabilia, quæcumque bonæ famæ, si qua virtus, si qua laus disciplinæ, hæc cogitemus*, & opere compleamus, & Deus pacis erit nobiscum. Sic Deus vos adjuvet. Datum Parisiis in Palatio nostro, die secundâ mensis Aprilis, anno Domini millesimo septingentesimo vigesimo octavo, sub signo sigilloque nostris, ac Secretarii nostri à mandatis Chyrographo.

†HENRICUS ARCHIEPISCOPUS VIENNENSIS,
Abbas generalis Cluniacensis.

De mandato Reverendissimi ac Serenissimi Principis.
COQUIER.

COPIE DE LA LETTRE DU ROY à M. l'Archevêque de Vienne.

MON COUSIN, ayant estimé à propos pour des considerations importantes de differer la tenuë du Chapitre general de votre Ordre de Cluny, quoique vous l'ayez indiqué par mes ordres au quatre Juillet de cette année; je vous fais cette Lettre pour vous dire que mon intention est que vous l'indiquiez au vingt-six Septembre prochain, pour être tenu au même lieu & en présence des mêmes Commissaires, ainsi qu'il est porté par l'Arrêt de mon Conseil d'Etat du vingt-un Mars dernier. Sur ce je prie Dieu qu'il vous ait, mon Cousin, en sa sainte & digne garde. Ecrit à Versailles le vingt-cinq Avril mil sept cent vingt-huit. Signé, LOUIS. *Et plus bas*, PHELYPEAUX. Et au dos est écrit, *A mon Cousin l'Archevêque de Vienne.*

A Paris le 26. Avril 1728.

VOUS verrez par la Lettre du Roy ci-dessus que l'intention de SA MAJESTE', est que Nous prorogions le Chapitre general jusqu'au vingt-six Septembre. Nous conformant aux Ordres de SA MAJESTE', Nous l'indiquons au dix-neuviéme Dimanche après la Pentecôte, qui est le vingt-six Septembre de la presente année; le reste de notre Mandement de convocation du deuxiéme de ce mois demeurant dans son entier. Je me recommande à vos Prieres, & suis tout à vous. Signé, † H. Arch. de Vienne.

6

PROCE'S VERBAL

DU CHAPITRE GENERAL DE L'ORDRE de Cluny, tenu au College de Cluny à Paris le 26. Septembre 1728. par le Mandement de Très-Haut & Puissant Prince Henry Oswald de la Tour d'Auvergne, Archevêque de Vienne, Abbé, Chef, Superieur General & perpetuel Administrateur de l'Abbaye & de tout l'Ordre de Cluny, President audit Chapitre.

1728.

Du Dimanche 26. Septembre audit an.

PREMIEREMENT, le Dimanche dix-neuviéme après la Pentecôte 26. Septembre 1728. après l'heure de Tierce, le Grand-Prieur de l'Abbaye & de tout l'Ordre, accompagné du Superieur Vicaire-General de l'Etroite Observance, est allé avec tous les Capitulans de l'une & de l'autre Observance, prendre dans son appartement Monseigneur le Reverendissime Abbé, précedé de sa Crosse, & revêtu de son Rochet, Camail & de sa Croix pectorale; lequel précedé dudit Grand-Prieur & dudit Superieur Vicaire-General & des autres Capitulans de l'une & l'autre Observance, s'est rendu à l'Eglise, à l'entrée de laquelle ledit Grand-Prieur revêtu d'étole & de chappe, lui a presenté le Crucifix à baiser, & l'Eau-benite, dont Mondit Seigneur a aspersé tous les Capitulans; ensuite ledit Grand-Prieur lui ayant presenté l'encensoir, ledit Seigneur Reverendissime Abbé a encensé la Croix: après quoi tous lesdits Capitulans l'ont conduit processionnellement au Maître-Autel, où il s'est mis à genoux sur un Prie-Dieu préparé, d'où après une courte priere, mondit Seigneur Abbé est allé à son trône, autour duquel tous les Officiers revêtus se sont rangez, & l'ont aidé à se revêtir de ses habits pontificaux, pour celebrer la Messe du Saint Esprit.

On a commencé au Chœur l'Heure qui précede la Messe, & pendant qu'on la chantoit, les susdits Grand-Prieur & Superieur Vicaire-General de l'Etroite Observance, suivis des Principaux de l'une & l'autre Observance, sont allez à l'appartement où étoient Monseigneur le Cardinal de Bissy, Monseigneur l'Archevêque de Rouen & Monsieur Maboul Maître des Requêtes, Commissaires députez du Roi au Chapitre, & les susdits Religieux, ont conduit lesdits Seigneurs Commissaires à l'Eglise, où ils se sont placez du côté de l'Epître vis-à-vis le trône pontifical preparé du côté de l'Evangile, ayant chacun un fauteuil & un Prie Dieu sur un tapis, & un carreau sous les genoux.

Après Tierce, Monseigneur le Reverendissime Abbé a celebré la Messe solemnelle du S. Esprit, qui a été chantée par les Religieux de l'une & l'autre Observance, qui tous y ont assistés; & à l'Offertoire ceux des Religieux qui n'avoient pas celebré la Messe, ont porté les uns après les autres un pain sur la Patene, que ledit Seigneur Reverendissime Abbé tenoit entre ses mains, & ont ensuite communié de sa main.

La Messe finie, le Reverendissime Abbé est allé à son trône quitter ses habits pontificaux, & pendant ce tems-là, le susdit Grand-Prieur & le Superieur Vicaire-General de l'Etroite Observance ont conduit Nosseigneurs les Commissaires à leur appartement. Monseigneur le Reverendissime Abbé ayant fait son action de graces, & repris son camail & sa croix pectorale, precedé de sa crosse, s'est rendu avec tous les Capitulans dans la Nef de l'Eglise préparée pour l'Oraison du Chapitre. (le Chapitre du College n'étant pas assés grand pour contenir tous les Capitulans) où s'étant mis sur un fauteüil posé sur une estrade preparée à cet effet à la porte du Chœur, ayant à sa droite le Grand-Prieur, & à sa gauche le Superieur Vicaire-General de l'Etroite Observance: alors ledit Grand-Prieur & le Superieur Vicaire-General, suivis des principaux Religieux de l'une & l'autre Observance, sont allez prendre en leur appartement Nosseigneurs les Commissaires, qu'ils ont conduit à l'Eglise, où ils se sont placez sur des fauteüils devant un bureau qui avoit été mis sur un tapis de pied vis-à-vis le fauteüil de Monseigneur le Reverendissime Abbé; & étant assis, Monseigneur le Cardinal de Bissy portant la parole, a dit: Qu'il venoit de la part du Roy avec les autres Seigneurs Commissaires pour assister à ce Chapitre, y porter les ordres de Sa Majesté, & y faire connoître ses intentions; qu'à cet effet ils avoient apporté deux Arrêts, dont il a demandé que lecture fût faite.

Lesdits Arrêts ayant été lûs par les Secretaires du precedent Chapitre, & écoutés avec toute sorte de respect par les Capitulans, Monseigneur le Reverendissime Abbé a remercié Nosseigneurs les Commissaires, tant en son nom qu'au nom de tout le Chapitre.

Après quoi, Dom Cesar-Joseph Birre Prieur Claustral & Chambrier de Chambon, a prononcé un Discours Latin fort éloquent sur l'obligation qu'ont les Religieux de l'Ordre d'obéir aux Decrets des Chapitres Generaux; que de leur exacte observance procede la gloire de Dieu, l'édification de l'Eglise & l'honneur de l'Ordre.

A ce Discours Monseigneur le Reverendissime Abbé a repondu par un Discours Latin court & pathetique, par lequel il a exhorté tout le Chapitre à profiter du tems & des conjonctures, qui par la misericorde de Dieu, paroissoient si favorables pour achever heureusement l'ouvrage de la paix & de la regularité, qu'il travailloit à ramener dans l'Ordre: Après quoi l'un des Secretaires du precedent Chapitre a lû à haute voix les noms des Définiteurs du dernier Chapitre, & il ne s'est trouvé d'absent de ceux de l'Ancienne Observance, que Dom de Riberac Prieur Claustral de Nogent le Rotrou, Dom Morel Prieur Titulaire de Chamlieu, & Dom Gassaud Prieur Titulaire de Ganagobie; & pour l'Etroite Observance, Dom Jean Maistre Prieur Titulaire de Mezin.

Ensuite dequoi, Monseigneur le Reverendissime Abbé, & Nosseigneurs les Commissaires, avec les Définiteurs du precedent Chapitre pour l'une & l'autre Observance, sont montés à la chambre du Définitoire, où après les prieres accoutumées & le serment prêté, les Définiteurs de l'Etroite Observance s'étant retirés dans une chambre separée, ont procedé à part, en presence de Nosseigneurs les Commissaires, & hors la presence du Reverendissime Abbé par voïe de scrutin, à l'élection de sept nouveaux Définiteurs pour leur Observance; & ceux de l'Ancienne Observance avec le Reverendissime Abbé & en presence de Nosseigneurs les Commissaires, ont procedé pareillement à part à l'élection de huit nouveaux Définiteurs pour l'Ancienne Observance, aussi par voye de scrutin, les Scrutateurs ayant été choisis par les anciens Définiteurs de chaque Observance.

Les élections faites de part & d'autre, tous les Définiteurs se sont réünis dans le même Définitoire, où les élections ayant été referées & rapportées de part & d'autre, & s'étant trouvées canoniques, le Reverendissime Abbé, Nosseigneurs les Commissaires & les susdits Définiteurs du precedent Chapitre sont retournés à l'Eglise, où l'un des Secretaires du precedent Chapitre a publié lesdites élections, & ont été élûs.

POUR

L'Ancienne Observance.

Dom le Cœur, Prieur Claustral de sainte Marguerite d'Elincourt.

Dom Pompée Raffin, Prieur Claustral de Valensolles.

Dom d'Aubourg, Prieur Titulaire de S. Eutrope de Saintes.

Dom de Bordes, Prieur Claustral & Aumonier d'Ambierle.

Dom Birré Prieur Claustral & Chambrier de Sainte Valerie de Chambon.

Dom Clereau Prieur Claustral de Sezanne.

Dom d'Hauteville, Prieur de Montierneuf de Poitiers.

Dom l'Ecureau de Berchere, Prieur Claustral de Bony.

POUR

L'Etroite Observance.

Dom Pierre René, Prieur Claustral de l'Abbaye de Cluny.

Dom François Xavier Pochard, Prieur Claustral de S. Martin des Champs.

Dom Jean Moraillon, Prieur Claustral de Souxillange.

Dom Etienne Sabbatin, Prieur Claustral de S. Etienne de Nevers.

Dom Pierre Allard Prieur Titulaire de Sainte Croix de la Voute.

Dom Jean Fricaud, Doyen de Moitax, & Prieur Claustral de Saint Marcel de Châlons.

Dom Jean Hilaire Tripperet, Doyen de l'Abbaye de Cluny, & Prieur Claustral de S. Denis de la Chartre.

Ainsi s'est terminée la premiere séance.

Du même jour à quatre heures de relevée.

Les Définiteurs sont entrés au Définitoire avec le Reverendissime Abbé & Nosseigneurs les Commissaires, & après les prieres accoutumées & le serment prêté conformément aux Bulles Apostoliques, ils ont procedé à l'élection des Officiers du Chapitre; ceux de l'Etroite Observance s'étant retirés dans leur chambre particuliere, hors la presence du Reverendissime Abbé, & ceux de l'Ancienne Observance étant restés dans le Définitoire avec le Reverendissime Abbé, les élections faites en presence de Nosseigneurs les Commissaires ont été rapportées au Définitoire commun, & ont été élûs:

SECRETAIRES DU CHAPITRE.

Pour l'Ancienne Observance.

Dom Cesar-Joseph Birre, Prieur & Chambrier de Chambon.

Pour l'Etroite Observance.

Dom Pierre Allard, Prieur Titulaire de la Voute.

AUDITEURS DES CAUSES.

Dom Jean de Kessel, Prieur Titulaire de Charlieu.

Dom de Geranton, Prieur Claustral de Theint.

Dom Louis Parent, Prieur Claustral de Longueville.

Dom Louis Matharel, Prieur Titulaire de Courtenay, & Claustral de la Voute.

AUDITEURS DES EXCUSES.

Dom Dumesnil, Prieur Claustral d'Abbeville.

Dom Peschant, Prieur Claustral de Moutier d'Ahun.

Dom Joseph Deshaires, Prieur Claustral de Coincy.

Dom Claude Bodinot, Prieur Claustral de Crepy.

PRESIDENT DU CLOITRE.

Dom Jacques Charronier, Prieur Claustral du College de Cluny.

Après quoi Monseigneur le Cardinal de Bissy a demandé que les deux Arrêts qui avoient été lûs au Chapitre, fussent inserés dans le Procès verbal du present Définitoire; ce qui a été fait ainsi qu'il s'ensuit:

VU PAR LE ROY ETANT EN SON CONSEIL, *l'Arrêt rendu en icelui le 11. Juin 1725. par lequel entre autres dispositions, il auroit été ordonné que par l'Abbé, Chef & Superieur General de l'Abbaye & de tout l'Ordre de Cluny, il seroit convoqué un Chapitre general, pour être tenu le troisiéme Dimanche d'après Pâques de l'année 1726. dans le Prieuré de S. Martin des Champs à Paris, en presence du sieur Cardinal de Bissy, du sieur Archevêque de Rouen, & du sieur Maboul Maitre des Requêtes, Commissaires nommés par Sa Majesté pour donner leur avis sur toutes les contestations qui agitent l'Ordre de Cluny, dans lequel Chapitre tout ce qui auroit été ordonné sur l'avis desdits sieurs Com-*

missaires, seroit lû & publié, pour être par toutes les parties exactement gardé & observé, lequel Chapitre extraordinaire ne devoit point intervertir le cours ordinaire des Chapitres generaux de l'Ordre, ni préjudicier à la tenuë de celui indiqué pour le troisiéme Dimanche d'après Pâques de l'année 1728. dans l'Abbaye de Cluny : Et Sa Majesté étant informée que lesdits sieurs Commissaires n'ont point jusqu'à present été en état de donner leur avis sur toutes lesdites contestations, ce qui auroit empêché la tenuë dudit Chapitre indiqué pour l'année 1726. & doit aussi faire retarder celui indiqué pour la presente année 1728. à quoi étant necessaire de pourvoir : Vû l'avis desdits sieurs Commissaires attaché à la minute du present Arrêt : OÜI LE RAPORT, ET TOUT CONSIDERE', LE ROY E'TANT EN SON CONSEIL *a ordonné & ordonne que le Chapitre General de l'Ordre de Cluny indiqué pour le troisiéme Dimanche d'après Pâques de la presente année, sera differé & convoqué par l'Abbé, Chef & Superieur General de l'Abbaye & de tout l'Ordre de Cluny pour le quatriéme Juillet prochain ; lequel Chapitre sera assemblé dans le College de Cluny à Paris, & tenu en la forme prescrite par l'Arrêt du Grand Conseil du 30. Mars 1705. en presence du sieur Cardinal de Bissy, du sieur Archevêque de Roüen, & du sieur Maboul Maître des Requêtes, Commissaires à ce deputés, sans que la convocation & tenuë dudit Chapitre General dans le College de Cluny, puisse préjudicier aux droits de l'Abbaye de Cluny, ni aux anciens usages dudit Ordre.* FAIT *au Conseil d'Etat du Roy Sa Majesté y étant, tenu à Versailles le 21. Mars 1728.*

Signé, PHELYPEAUX.

VÛ PAR LE ROY E'TANT EN SON CONSEIL *l'Arrêt rendu en icelui le 11. Juin 1725. par lequel entre autres dispositions, il auroit été ordonné qu'il seroit tenu un Chapitre General de l'Ordre de Cluny le troisiéme Dimanche d'après Pâques de l'année 1726. en presence du sieur Cardinal de Bissy, du sieur Archevêque de Roüen & du sieur Maboul Maître des Requêtes, dans lequel tout ce qui auroit été ordonné par Sa Majesté, sur l'avis desdits sieurs Commissaires, seroit lû & publié pour être exactement gardé & observé par toutes les Parties : Autre Arrêt du Conseil d'Etat du 21. Mars dernier, par lequel il avoit été ordonné que la tenuë du Chapitre general dudit Ordre seroit differé jusqu'au 4. Juillet aussi dernier ; l'ordre de Sa Majesté adressé au sieur Archevêque de Vienne pour retarder ledit Chapitre jusqu'au 26. du present mois de Septembre ; & Sa Majesté étant informée que quoique les principales contestations qui agitoient ledit Ordre de Cluny ayent été decidées, cependant il en reste encore plusieurs indecises qui ne peuvent être reglées qu'au Chapitre general, & qu'à cet effet il est necessaire de donner aux sieurs Commissaires nommés pour y assister, un pouvoir suffisant :* OÜI LE RAPORT ET TOUT CONSIDERE', LE ROY E'TANT EN SON CONSEIL *a ordonné & ordonne que tout ce qui a été par Sa Majesté statué & ordonné sur l'avis du sieur Cardinal de Bissy, du sieur Archevêque de Roüen & du sieur Maboul Maitre des Requêtes, concernant l'Ordre de Cluny, sera lû & publié au Chapitre general prochain, & inseré dans les Définitions dudit Chapitre, pour être executé & exactement observé par toutes les Parties ; & qu'à l'égard des contestations qui n'ont pû être decidées, même celles qui pourront survenir pendant la tenue dudit Chapitre, elles y seront reglées par l'avis des sieurs Commissaires nommés pour y assister, & que tout ce qui sera ainsi statué audit Chapitre, ensemble les Reglemens qui y seront faits pour assurer l'execution des Statuts dudit Ordre, & pour maintenir & rétablir la discipline reguliere dans les Monasteres, sera rapporté à Sa Majesté par lesdits sieurs Commissaires, pour être par elle approuvé & confirmé ainsi qu'il appartiendra.* FAIT *au Conseil d'Etat du Roy, Sa Majesté y étant, tenu à Fontainebleau le 16. Septembre 1728.*

Signé, PHELYPEAUX.

Du Lundi 27. à huit heures du Matin.

Les Définiteurs sont entrés au Définitoire avec le Reverendissime Abbé & Nosseigneurs les Commissaires ; & après les prieres accoûtumées, on a fait lecture de plusieurs Arrêts, sçavoir de celui du 11. Juin 1725, du 15. Octobre 1727. concernant le partage des maisons, de l'Arrêt du 9. Octobre 1726. concernant les réparations du College de Cluny ; autre Arrêt du 16. Septembre 1728. concernant les Offices Claustraux de l'Abbaye de Cluny, & d'un autre Arrêt du 22. Septembre 1728. concernant la jurisdiction de Monseigneur le Reverendissime Abbé. Ainsi s'est terminée la seance.

Du même jour à trois heures de relevée.

Les Définiteurs sont entrés au Définitoire avec Monseigneur le Reverendissime Abbé & Nosseigneurs les Commissaires, &c. Nosseigneurs les Commissaires ont demandé, qu'en consequence & execution de l'Arrêt du 16. Septembre 1728. inseré dans le present Procez-verbal dans la seance d'hier après dîné, les dispositions de l'Arrêt du Conseil d'Etat du

22. Septembre present mois concernant l'exercice de la Jurisdiction de mondit Seigneur Abbé, qui a été lû dans la séance de ce matin, soient inserées dans les Définitions du present Chapitre, & qu'il en soit fait des Decrets, pour le tout être executé & exactement observé par toutes les parties : La matiere mise en déliberation, les Définiteurs de l'une & l'autre Observance s'y sont soumis unanimement.

Ensuite Nosseigneurs les Commissaires ont aussi requis que les dispositions de l'Arrêt du 25. Novembre 1724. concernant l'établissement de la Reforme dans l'Ordre & dans les Maisons où elle est introduite avant la Déclaration de 1671. ensemble celles de l'Arrêt du 15. Octobre 1727. concernant les Maisons fixées pour chaque Observance, & celles de l'Arrêt du 16. present mois concernant les Offices Claustraux de l'Abbaye de Cluny, fussent inserées dans les Définitions. A quoi le Reverendissime Abbé a dit qu'il consent l'execution desdits Arrêts, & que les dispositions soient inserées dans les Définitions du present Chapitre, même qu'il en soit fait des Decrets, sans qu'ils puissent préjudicier au Decret du Chapitre general de 1693. revêtu de Bulle & de Lettres Patentes, commençant par ces mots : *Cum Ordo Cluniacensis magis Gallicæ nobilitati debeat.* Et tous les Définiteurs de l'une & l'autre Observance unanimement ont été d'avis, que les dispositions des Arrêts cy-dessus fussent inserées dans les Définitions du present Chapitre, & qu'il en fût fait des Decrets.

Et de la part des Définiteurs Reformés, il a été remontré que la reserve faite par le Reverendissime Abbé, ne peut préjudicier aux Maisons qui sont affectées à leur Observance par les Arrêts cy-dessus, non plus qu'aux usages, statuts & pratiques regulieres de ladite Observance.

Du Mardi 28. du même mois à huit heures du matin.

Les Définiteurs sont entrés au Définitoire avec le Reverendissime Abbé & Nosseigneurs les Commissaires, &c. Monseigneur l'Archevêque de Vienne a dit, que dans la séance de relevée d'hier, il avoit déclaré qu'il se soûmettoit à l'execution de l'Arrêt du 22. de ce mois, qu'il persiste dans la même déclaration pour marquer son respect pour tout ce qui porte le caractere de l'autorité du Roi, & s'engage personnellement à ne donner aucune dispense aux Religieux de l'Etroite Observance pour passer dans l'Ancienne ; mais que pour conserver à ses Successeurs le droit & la possession dans laquelle ils ont toujours été de donner ces sortes de dispenses, il se reserve là dessus de faire ses très-humbles remontrances à Sa Majesté, & proteste que le terme de translation qui est dans ledit Arrêt ne pourra tirer à consequence, pour faire regarder l'Etroite Observance comme un Ordre distinct & séparé de l'ancienne.

Mondit Seigneur Archevêque a dit encore, qu'ayant pris lecture ce matin de l'Arrêt du 16. Septembre present mois, qui fut lû en presence de tous les Capitulans & du Peuple à l'ouverture du Chapitre dans l'Eglise, il a vû que Sa Majesté ordonne que ce qui a été ordonné & statué par elle, sera lû & publié au Chapitre general prochain, & inseré dans les Définitions dudit Chapitre, & n'ordonne point de mettre en

Decret dans le Définitoire les dispositions des Arrêts ; il déclare donc que lorsqu'il consentit hier à la demande faite par Nosseigneurs les Commissaires de faire des Decrets sur l'Arrêt du 22. de ce mois & autres ; ce ne fut que parce qu'il croyoit par erreur que c'étoient les ordres du Roi, qui feront toujours la regle de sa conduite, comme il vient de le déclarer : que si cependant Nosseigneurs les Commissaires assurent que les ordres & la volonté du Roi sont que le Définitoire fasse des Decrets de ces Arrêts, il est prêt, comme il le sera toujours, de se soumettre aux moindres volontés de Sa Majesté ; mais il compte trop sur la justice du Roi pour pouvoir douter que Sa Majesté désaprouve que les Définiteurs de l'une & de l'autre Observance, ausquels il a l'honneur de présider au Définitoire, n'ayent la liberté que les Canons prescrivent pour les assemblées regulieres, liberté qu'il est persuadé que Sa Majesté veut laisser à ce Chapitre, à l'exemple du Roi son auguste Bisayeul, qui l'a toujours laissée à l'Ordre de Cluny : qu'il supplie Nosseigneurs les Commissaires de permettre aux presens Définiteurs de dresser eux-mêmes en la presence desdits Seigneurs Commissaires (s'ils jugent à propos d'y assister) tous les Decrets qu'ils trouveront bon de faire, & même ceux qui peuvent être faits en exécution des susdits Arrêts, de les discuter & arrêter de la maniere qu'il s'est pratiqué dans les précedens Chapitres, bien entendu que Nosseigneurs les Commissaires (si les Decrets se trouvent contraires à la volonté du Roi & aux Arrêts de son Conseil) donneront leur avis à Sa Majesté pour y être statué.

Lecture faite de la requisition cy-dessus, Nosseigneurs les Commissaires ont requis qu'il fût déliberé par les Définiteurs sur les demandes y inserées. 1°. Sur le droit que Monseigneur l'Abbé demande qu'il soit conservé à ses successeurs de transferer un Religieux de l'Etroite Observance dans l'Ancienne. 2°. Sur la protestation inserée dans ledit Acte contre le mot de translation. 3°. Si c'est par erreur qu'ils opinerent hier, qu'il seroit fait des Decrets des articles & dispositions des Arrêts lûs dans les differentes séances du Définitoire. 4°. Sur la liberté qui doit être maintenue dans le present Chapitre, concernant les Decrets qui doivent être dressés & redigés.

La matiere mise en déliberation, tous les Définiteurs de l'une & de l'autre Observance unanimement ont déclaré sur les premier & second articles, qu'ils se soumettoient à l'article de l'Arrêt concernant les formalités pour la translation & le passage des Religieux d'une Observance à l'autre, & qu'ils reconnoissoient que c'étoit une affaire jugée, tant pour Monseigneur l'Abbé que pour ses Successeurs, qu'ainsi ils n'adheroient point à sa protestation ni à sa reserve. Sur le troisiéme qui concerne, si c'est par erreur qu'ils ont pris hier la déliberation d'inserer dans les Decrets du present Chapitre & en forme de Decrets, les dispositions des Arrêts, douze Définiteurs ont dit, que ce n'étoit point par erreur, que sur la requisition de Nosseigneurs les Commissaires ils avoient formé la déliberation de rediger en Decrets les dispositions des Arrêts qui avoient été lûs, & trois Définiteurs ont dit, qu'ils n'avoient pas bien entendu ce dont il s'agissoit, mais qu'aujourd'hui ils s'y soumettoient. Quant au

quatriéme

quatriéme article concernant la liberté qui doit être conſervée dans les Chapitres ; ils ont tous declaré qu'ils n'avoient point été gênés dans les déliberations priſes juſqu'à ce jour, & notamment dans celles d'hier, mais qu'au ſurplus ils ne doutent point que la liberté ne ſoit continuée comme ils la demandent. Et enſuite les Définiteurs de l'Etroite Obſervance ont proteſté contre la proteſtation cy-deſſus faite par Monſeigneur l'Abbé, & demandé acte de la ſoumiſſion que fait M. l'Abbé de ſe ſoumettre lui perſonnellement à l'execution de la diſpoſition de l'Arrêt qui concerne la tranſlation & paſſage d'un Religieux de l'Etroite Obſervance dans l'Ancienne. Qu'au ſujet de la liberté, la demande leur en paroît inutile, parce qu'ils l'ont toujours euë ; & les Seigneurs Commiſſaires ont donné acte aux parties de leur dire & requiſition cy-deſſus.

Monſeigneur l'Archevêque de Vienne a dit, que ſi le mot de paſſage au lieu de celui de tranſlation avoit été mis dans l'Arrêt, comme il vient d'être mis dans le preſent Procès-verbal, il n'auroit pas fait la proteſtation ſuſdite, ſurquoi Noſſeigneurs les Commiſſaires ont ordonné & ordonnent, en vertu du pouvoir à eux donné par l'Arrêt du 16. du preſent mois, ſans avoir égard aux remontrances cy-deſſus faites par Monſieur l'Abbé, que l'Arrêt du Conſeil du 21. du preſent mois, & la déliberation du jour d'hier, enſemble celle de ce jour, ſeront executées ſelon leur forme & teneur : & au-deſſous ſont les lettres le C. de B. † L. A. de R. M.

Du même jour à trois heures de relevée.

Les Définiteurs ſont entrés avec Monſeigneur l'Abbé & Noſſeigneurs les Commiſſaires, &c. On a travaillé dans cette ſéance à differentes affaires qui regardent l'Ordre.

Du Mercredy 29. du même mois à huit heures du matin.

Les Définiteurs ſont entrés au Définitoire avec Monſeigneur l'Abbé & Noſſeigneurs les Commiſſaires, &c. Monſeigneur l'Abbé a apporté au Définitoire une lettre des Religieux de Cluny établis en Pologne, addreſſée à mondit Seigneur Abbé & à tout le Définitoire. La lecture en ayant été faite, le Définitoire commun a réſolu qu'on répondroit favorablement auſdits Religieux, & que ladite lettre ſeroit inſerée à la fin du Chapitre, & que l'original en ſera remis dans les archives de Cluny.

Enſuite on a fait les Decrets qui ſuivent, conformément aux Arrêts.

DE'FINITIONS.

Pour lever les difficultés ſurvenuës ſur l'interpretation & execution de l'Arrêt du Grand Conſeil du 30. Mars 1705. auquel Monſeigneur le Reverendiſſime Abbé & les Définiteurs de l'une & l'autre Obſervance ſe ſont ſoumis de nouveau ; leſdits Définiteurs ont ordonné :

1°. Que Monſeigneur l'Archevêque de Vienne Abbé de Cluny ſera reconnu pour Chef, Superieur General & Adminiſtrateur perpetuel de tout l'Ordre, par les Religieux de l'une & l'autre Observance.

2°. Ils ont pareillement déclaré qu'ils reconnoissent qu'il est en droit & possession d'exercer la Jurisdiction spirituelle reguliere dans tout l'Ordre, en la maniere qui a été reglée par l'Arrêt du Grand Conseil du 30. Mars 1705. & celui du Conseil d'Etat du 22. du mois de Septembre 1728. avec les modifications & restrictions inserées audit Arrêt de 1705. & sans qu'en vertu de celui du Conseil d'Etat du 22. Septembre 1728. il puisse s'attribuer de nouveaux droits à cet égard, ainsi qu'il est par Sa Majesté ordonné par ledit Arrêt.

3°. Que le Superieur Vicaire General de l'Etroite Observance prendra la qualité de Vicaire General du Seigneur Reverendissime Abbé de Cluny, dans tous les actes qu'il fera en qualité de Superieur Vicaire General de l'Etroite Observance.

4°. Qu'il ne sera fait par lui aucun Mandement que pour les besoins particuliers qui interesseront la Reforme, & ce en qualité de Vicaire General dudit Seigneur Abbé.

5°. Que les Confesseurs des Moniales des Maisons immediatement soumises à l'Abbé de Cluny, seront approuvés par lui ou ses Grands-Vicaires.

6°. Que néanmoins les Religieux Reformés qui se trouveront chargés de la direction des Moniales de la Maison de Marcigny recevront le pouvoir de les confesser du Chapitre General, & dans l'*interim* du Superieur Vicaire Genéral de la Reforme, en qualité de Vicaire General dudit Seigneur Abbé : & qu'à l'égard de la Maison de Marsac, il en sera usé ainsi & de la maniere qu'il a été reglé au Chapitre General dudit Ordre de Cluny tenu à Paris le 14. Avril 1725. sans préjudice aux Visiteurs & Superieurs majeurs desdits Moniales, de leur nommer dans les tems accoutumés des Confesseurs extraordinaires.

7°. Que nul Livre ne sera imprimé à l'usage de l'Etroite Observance, ou composé pour le public par des Religieux Reformés, qu'après qu'il aura été approuvé au Chapitre General, ou dans l'*interim* par le Vicaire General de la Reforme, en qualité de Vicaire General du Seigneur Reverendissime Abbé, sans que ladite approbation du Superieur Vicaire General dudit Seigneur Abbé, puisse nuire ni préjudicier aux droits, privileges & usages de l'Ancienne Observance.

8°. Que conformément au Chapitre General de 1676. les Religieux Reformés choisis par les Superieurs de l'Etroite Observance pour étudier & parvenir aux grades dans les Universités, seront presentés au Chapitre General dans le Définitoire de leur Observance, & seront tenus de se conformer aux clauses & conditions qui leur seront imposées par lesdits Superieurs Reformez, sans préjudice néanmoins à l'execution de ce qui a été reglé au Chapitre General de 1725. sur la maniere dont les étudians de la Reforme doivent être envoyés au College de Cluny de Paris.

9°. Que conformément à la disposition du Chapitre General de 1693. & à l'ancien usage de l'Ordre, le Chapitre General sera tenu sur l'indiction du Chapitre General precedent, à moins que Sa Majesté ne juge à propos d'addresser ses ordres au Reverendissime Abbé, pour en avancer ou retarder la tenuë, auquel cas ledit Reverendissime Abbé fera mention des ordres du Roy dans la convocation qu'il fera dudit Chapitre.

10°. Que conformément à la disposition de l'Arrêt de 1705. les Religieux de l'Etroite Observance, seront maintenus & gardés dans le droit & possession d'élire dans leur Définitoire, hors la presence dudit Seigneur Abbé, & sans qu'il puisse y assister, & sans le concours des Définiteurs de l'Ancienne Observance, leurs Définiteurs nouveaux, leur Superieur Vicaire General de Monseigneur l'Abbé, Visiteurs, Superieurs locaux, Procureur General & autres Officiers, ainsi & de la maniere qu'il est reglé par ledit Arrêt de 1705. d'y faire pareillement les reglemens necessaires pour la manutention de la discipline reguliere de ladite Etroite Observance, sans cependant y pouvoir rien ordonner de contraire aux Statuts du Définitoire commun des Chapitres Generaux.

11°. Que lesdites élections & Reglemens devront être necessairement referés & inserés dans les Définitions du Chapitre General, pour être le tout executé de l'autorité d'icelui Chapitre General.

12°. Que tout ce qui a été reglé par ledit Arrêt de 1705. pour la tenuë des Diettes intermediaires sera executé ; & tout ce qui y sera statué & ordonné, sera executé par provision jusqu'au Chapitre General lors prochain.

13°. Que les Superieurs, Officiers & Religieux qui y seront élûs ou changés, avant que de faire aucune fonction, seront tenus de prendre une institution du Seigneur Reverendissime Abbé, laquelle toutefois il ne pourra refuser ni revoquer, conformément audit Arrêt de 1705. & & qu'à cet effet aussi-tôt après que les élections auront été faites dans lesdites Diettes, on envoyera audit Seigneur Abbé la liste de tous les Officiers qui auront été élûs, signée du President & du Secretaire de ladite Diette.

14°. Que ledit Seigneur Abbé de Cluny ne pourra faire ou consentir la translation d'un Religieux de l'Etroite Observance dans l'Ancienne, & que ladite translation ne se pourra faire valablement qu'en vertu d'un Rescrit de Cour de Rome, & qu'après que le Religieux qui voudra être transferé se sera addressé aux Superieurs majeurs de la Reforme, pour avoir leur consentement par écrit, ou sur leur refus, à la Diette, & au refus de la Diette, au Chapitre General lors prochain, pour être ensuite procedé canoniquement en la maniere accoutumée.

Les Définiteurs pour se conformer aux Arrêts du Conseil d'Etat du 15. Octobre 1727. & autres ; & pour éviter toutes les contestations qui pourroient survenir à l'avenir entre les deux Observances sur l'execution & interpretation desdits Arrêts ont fait les Decrets qui suivent.

1°. Qu'ils reconnoissent l'établissement de la Reforme dans l'Ordre, suivant & conformément aux Chapitres Generaux de 1676. 1678. & 1693. confirmés par Bulles & Lettres Patentes enregistrées par tout où besoin a été, & suivant l'Arrêt du Conseil d'Etat du 25. Novembre 1724.

2°. Que les Religieux Reformés resteront paisibles possesseurs des Maisons dans lesquelles ils ont été établis & introduits avant la Declaration de 1671. & qu'à l'égard des Maisons dans lesquelles ils avoient voulu s'introduire depuis ladite Déclaration ; sçavoir, Longpont, S. Nicolas d'Acy, Longueville, Lairac, Marcigny, S. Lezer, Moutierneuf, Saint Marcel du Sauzet, Carenac, Mezin, Charlieu & Courtenay : les Maisons de Longpont, S. Nicolas d'Acy, Longueville, Lairac, Marcigny & S. Lezer resteront aux Religieux de l'Etroite Observance ; que celles de Moutierneuf, S. Marcel du Sauzet, Carenac, Mezin & Charlieu resteront aux Religieux de l'Ancienne Observance, & toutes autres dudit Ordre, à l'exception des Maisons cy-dessus affectées aux Reformés, & de celle de Courtenay, sur laquelle Sa Majesté s'est reservé de statuer.

3°. Que les Reformés ne pourront s'introduire sous quelque pretexte que ce puisse être, même d'Offices Claustraux, dans les Maisons affectées aux Anciens.

4°. Que pareillement les Anciens ne pourront s'introduire dans les Maisons affectées aux Reformés par les susdits Arrêts, sous quelque pretexte que ce puisse être.

5°. Que les Religieux de l'une & l'autre Observance se retireront incessamment, si fait n'a été, dans les Maisons de leur Observance qui leur seront indiquées, sçavoir ceux de l'Ancienne Observance en vertu des obédiences qui leur seront données par Monseigneur l'Abbé de Cluny ; & ceux de l'Etroite Observance en vertu des obédiences qui leur seront données par le Superieur Vicaire General de Monseigneur l'Abbé pour l'Etroite Observance, sans qu'ils puissent pretendre ni les uns ni les autres aucune manse dans les Maisons d'où ils se seront retirés : & qu'à l'égard des Offices Claustraux, les Titulaires qui les possedent presentement pourront jouir des revenus affectés ausdits Offices leur vie durant seulement, mais qu'à l'avenir sous quelque pretexte que ce soit, les Religieux de l'une & l'autre Observance ne pourront posseder d'Offices Claustraux, autres que ceux des Maisons affectées à leur Observance, excepté dans l'Abbaye de Cluny, où ils pourront être possedés indifferemment par les Religieux tant de l'Ancienne que de l'Etroite Observance ; & seront tenus les Titulaires de l'Ancienne Observance, des Offices Claustraux de ladite Abbaye de Cluny, lorsqu'ils y resideront, de se conformer pour la maniere de vivre, à ce qui a été reglé par le Chapitre de 1678.

Du même jour à trois heures de relevée.

Les Définiteurs sont entrés au Définitoire avec Monseigneur l'Abbé & Nosseigneurs les Commissaires, &c. On a commencé la séance par la lecture des neuf articles du Chapitre de 1693. dont l'execution a été principalement ordonnée par l'Arrêt du 25. Novembre 1724. & par le Chapitre de 1725. sçavoir ceux qui commencent par ces mots : 1°. *Nullus etiam.* 2°. *Idem omninò.* 3°. *Quia compertum est.* 4°. *Imposterùm Monachis.* 5°. *In iis Monasteriis.* 6°. *Cum nihil Vitæ Monasticæ conformiùs.* 7°. *Cum ex Novitiorum bonâ institutione.* 8°. *Professio Religiosa.* 9°. *Decretum est ne deinceps.*

Il a été déliberé qu'on confirmeroit le Decret : *Nullus etiam in Ordine*, auquel sera ajouté que les Procureurs Generaux feront leurs diligences contre les Religieux qui n'ont pas executé ce Decret, & les pourſuivront par tout où beſoin ſera.

Item le Decret, *Idem omninò*, a été confirmé.

Item le Decret, *Quia compertum eſt*, a été renouvellé & confirmé dans toutes ſes parties, avec la clauſe de dix ou douze au lieu de huit à dix Religieux. Ainſi a fini la ſéance.

Du Jeudi 30. *du même mois à huit heures du matin.*

Les Définiteurs ſont entrés au Définitoire avec Monſeigneur l'Abbé & Noſſeigneurs les Commiſſaires, &c. On a continué la lecture des neuf articles commencés dans la ſéance d'hier.

Il a été déliberé que le Decret, *Impoſterùm Monachis*, ſera renouvellé & confirmé.

Item celui *In iis Monaſteriis*, ſera confirmé.

Et à l'inſtant Dom Dumaiſnil Procureur General de l'Ordre pour l'Ancienne Obſervance, a demandé à entrer; lequel admis a lû une Requeſte, laquelle il a requis être inſerée dans le preſent Procès verbal, & s'eſt retiré. Après quoi l'affaire miſe en déliberation, pour ſçavoir ſi ladite Requeſte ſeroit inſerée dans le preſent Procès verbal, il a été décidé à la pluralité des voix qu'elle le ſeroit, après avoir été paraphée de Monſeigneur l'Abbé, de Noſſeigneurs les Commiſſaires & des deux Secretaires du Chapitre. Suit ladite Requeſte.

A MONSEIGNEUR L'ARCHEVEQUE DE VIENNE, Abbé General de tout l'Ordre de Cluny.

ET AUX REVERENDS DE'FINITEURS.

Le Procureur General de l'Ancienne Obſervance de Cluny, ayant appris qu'on propoſoit au Définitoire de mettre en commun les Offices Clauſtraux, a cru qu'il étoit de ſon miniſtere de repreſenter que cette propoſition eſt entierement contraire au regime & aux ſtatuts de l'Ordre, qu'elle ne peut que mettre le trouble & la diviſion dans les Monaſteres: Et en effet, comment pouvoir exiger des Religieux une choſe à laquelle ils ne ſe ſont pas obligés par leurs vœux, & contraire non ſeulement à l'uſage general qu'ils ont trouvé établi par toute leur Obſervance, mais encore aux ſtatuts de l'Ordre revêtus de l'autorité Royale & Pontificale. En effet le feu Roi de glorieuſe memoire ayant ordonné la convocation du Chapitre General de l'Ordre en 1676. pour conſtater des obligations & pratiques des Religieux de l'Ordre, nomma ſes Commiſſaires, en preſence deſquels il fut fait pluſieurs Decrets, & on y adopta ceux qui avoient été faits en 1458. ſous Jean de Bourbon, & entre autres celui-cy: *Priores, Beneficiarii & Officiarii Clauſtrales ſuorum Beneficiorum & Officiorum fructibus & redditibus uti ſolent, gaudebunt*, &c.

Ce Chapitre fut revêtu de Lettres Patentes qui confirmerent les Decrets qui y avoient été faits, & furent enregiſtrées au Grand Conſeil par l'Arrêt du 27. Novembre 1676. dans lequel il est dit positivement qu'à l'égard des Religieux pourvûs de Benefices & Offices Claustraux, ils en percevront les fruits & revenus pour en avoir l'administration, & en user conformément à la regle de S. Benoît & aux statuts de Jean de Bourbon de l'année 1458. Ce Decret a été renouvellé, approuvé & confirmé par le Chapitre General de 1678. tenu en presence des mêmes Commissaires du Chapitre de 1676. confirmé aussi par les Lettres Patentes registrées au Grand Conseil, & il fut fait le Decret : *Priores & Officiarii suorum redditum rationem reddent secundùm statuta Joannis à Borbonio*, &c.

Le Chapitre General de 1693. où Monseigneur le Cardinal de Boüillon presida; ce Chapitre revêtu de Lettres Patentes confirmatives, par une Bulle qui rapporte tout au long les Decrets; ladite Bulle aussi revêtuë de Lettres Patentes enregistrées au Grand Conseil : ce Chapitre, dis-je, a fait le Decret commençant par ces mots: *In iis Monasteriis in quibus Officiarii Claustrales*, &c.

Ce sont trois Chapitres qui font la Loi & forment l'Observance des Anciens; ils sont la regle & le fondement inebranlable sur lesquels Sa Majesté a rendu l'Arrêt du 25. Novembre 1724. par lequel elle ordonne l'execution desdits Chapitres de 1676. 1678. & 1693. & entre autres statuts neuf d'entre eux, du nombre desquels est celui cy-dessus cité: *In iis Monasteriis in quibus Officiarii Claustrales*, &c.

Voilà les regles qu'on nous a données dans nos Noviciats, & sur lesquelles on nous a dit que nous formerions nos engagemens aux pieds des Autels; pouvons-nous presentement exiger des Religieux au-delà de ce qu'ils ont promis, fondés sur l'autorité de toutes les puissances qui pouvoient déterminer leurs états & leurs obligations ? D'ailleurs l'exemple de toutes les Maisons de l'Ordre de S. Benoît de l'Ancienne Observance, repanduë par tout ce Royaume, les confirmoient dans l'assurance où ils étoient qu'on ne pouvoit leur rien demander au-delà. Mais si nous jettons les yeux sur les differens Ordres Reguliers répandus dans le Royaume, même les plus austeres, nous voyons qu'on a été obligé d'autoriser les pensions de famille, pour les petits besoins particuliers des Religieux, ils ont crû éloigner toute apparence de proprieté par l'obligation où sont les Religieux ou Religieuses de rendre compte à leurs Superieurs de leur administration; est-il possible qu'on accordera à des Religieuses une administration qu'on ôteroit à des Beneficiers qui l'ont de droit & par le titre de leurs Benefices ? Ce sont les mêmes conditions, ils doivent rendre également compte de leur administration à leurs Superieurs; mais dira-t-on ? ces Superieurs ne demandent pas ce compte, tout l'abus se réduiroit donc à ce point ? mais qui ne voit qu'il est bien plus facile & plus juste de remedier à cette negligence des Superieurs, que de priver des Religieux d'un droit qu'ils ont par leur état. Le Roi est si persuadé que les Religieux de S. Benoît ont cette administration de leurs Benefices, que dans les differentes contestations qui sont survenuës sur cet article, il les a toujours décidées conformément à ces idées. Nous en voyons un exemple bien convainquant dans l'Abbaye de S. Claude en Franche-Comté, où feu Monfeigneur le Cardinal d'Eſtrées ayant fait des reglemens qui ordonnoient aux Religieux de mettre en commun leurs Benefices Clauſtraux ; ſur l'appel qui en fut formé par les Religieux, ils furent maintenus dans l'adminiſtration de leurs Benefices : c'eſt ce bruit qui s'eſt répandu depuis quelque tems, qu'on vouloit ôter aux Religieux de Cluny l'adminiſtration de leurs Benefices, qui empêche actuellement les Abbayes de Baume & de Gigny en Franche-Comté de ſe ſoumettre à l'Ordre, comme elles y ont été de tout tems ; c'eſt ce qui cauſe l'oppoſition & la repugnance generale du corps de la Nobleſſe de cette Province, qui a toujours régardé ces Maiſons comme une retraite & un azyle honorable pour leurs enfans, & qu'ils regardent comme perduës pour eux, dès qu'ils ne pourront plus jouir des petites commodités qu'ils peuvent ſe procurer au moyen de ces Benefices.

Le Suppliant conclut & requiert, que les ſtatuts des Chapitres generaux de *1676. 1678.* & *1693.* ſoient executés, & notamment ceux qui accordent aux Beneficiers l'adminiſtration de leurs Benefices, aux conditions d'en rendre compte à leurs Superieurs ; & au cas qu'il y ait eu par le paſſé quelque negligence dans les Superieurs à ſe faire rendre compte, le Suppliant requiert qu'il ſoit fait ſtatuts nouveaux, qui enjoignent aux Superieurs locaux de remettre aux Viſiteurs & Vicaires Generaux, chacun dans ſa Province, le compte de l'adminiſtration de chacun des Religieux de leur maiſon, qui ſeront pourvûs de Benefices.

Ainſi ſigné, DE BUISSY DUMAISNIL, Procureur General.

Et à l'inſtant les Définiteurs de l'Etroite Obſervance ont demandé qu'il ne fut pas mis dans le preſent Procez verbal, que la déliberation avoit été faite à la pluralité des voix, mais ſeulement du conſentement unanime des Définiteurs de l'Ancienne Obſervance : Que pour eux Définiteurs Reformés, ils ne s'oppoſoient pas audit enregiſtrement de la part des Définiteurs anciens, par eux demandé & conſenti ; mais que comme l'uſage dont il s'agit eſt directement contraire aux ſtatuts, pratiques regulieres & reglemens de leur Obſervance, confirmés par les Arrêts & Chapitres, les voix des Définiteurs de l'Ancienne Obſervance ne doivent pas être comptées en concours avec celles des Définiteurs de l'Etroite, qui n'étant que ſept contre huit, ſeroient toujours au-deſſous, ſi on comptoit les ſuffrages par tête, ce qui eſt cauſe qu'ils requierent que dans le cas de differentes opinions des Définiteurs des deux Obſervances, chaque Obſervance ne faſſe qu'une voix, & qu'il n'y ait point de déliberation priſe dans les affaires generales de l'Ordre, & qui concernent celles où leur Obſervance pourra être intereſſée, ſi ce n'eſt lorſque leſdites deux voix ſeront conformes.

De laquelle requiſition ils ont demandé acte.

Sur ladite requiſition des Définiteurs de la nouvelle Obſervance, a été répondu par les Définiteurs de l'Ancienne, que cette requiſition eſt contraire aux diſpoſitions des Bulles des Papes Gregoire IX. Nicolas IV. & Calixte III. qui attribuent tout le pouvoir du Définitoire aux quinze Définiteurs conjointement, que c'eſt même l'eſprit de l'Arrêt du Grand Conſeil de 1705. & de celui du Conſeil d'Etat du 22. Septembre preſent mois, qui attribuë toute l'autorité à ces quinze Définiteurs, & que cette requiſition eſt auſſi contraire aux Chapitres Generaux de 1676. 1678. & 1693. & ſubſéquens.

A laquelle réponſe a été repliqué par les Définiteurs de l'Etroite Obſervance, qu'ils perſiſtent dans leur dire, requiſition & demande d'acte, ſe reſervant de dire leurs raiſons plus au-long pardevant Noſſeigneurs les Commiſſaires cy-preſens, qu'ils ſupplient trés-inſtamment de juger la preſente conteſtation, ſuivant les pouvoirs à eux donnés par Sa Majeſté.

Monſeigneur l'Abbé & les Définiteurs de l'Ancienne Obſervance, ont demandé qu'il ſoit ſurcis juſqu'à la ſéance de l'aprés dîné pour y répondre.

Du même jour à trois heures de relevée.

Les Définiteurs ſont entrés au Définitoire avec Monſeigneur l'Abbé & Noſſeigneurs les Commiſſaires, &c. Les Définiteurs de l'Ancienne Obſervance, ont dit pour répondre à la requiſition des Reformés faite dans la ſéance du matin, au ſujet de la maniere de compter les voix, que ce qui étoit le plus recommandé par les Bulles de Gregoire IX. Nicolas IV. & Calixte III. & par les Chapitres de 1676. 1678. & 1693. étoit d'établir un ſeul regime & un ſeul Définitoire composé de quinze Définiteurs: que l'Arrêt de 1705. avoit ordonné la même choſe; que pour prouver ce qu'ils venoient de dire, ils demandoient qu'on fit lecture deſdites Bulles, Chapitres & Arrêts, & même des Procez verbaux deſdits Chapitres, à moins que les Définiteurs des Reformés ne veuillent convenir que tel a été l'uſage juſqu'à preſent, que la Bulle de Gregoire IX. donnée pour modele aux Chapitres Generaux de Cluny, les Chapitres Generaux de Ciſteaux, dans leſquels tout le monde ſçait que les déciſions ſe forment dans le commun Définitoire à la pluralité des voix comptées indiſtinctement entre les Définiteurs des deux Obſervances: que les PP. de la Reforme ont reconnu eux-mêmes cette verité dans les Chapitres de 1717. & 1725. comme on peut le voir par les Procez verbaux, & comme ils l'ont fait encore de vive voix à l'ouverture du preſent Chapitre, en demandant qu'ils euſſent huit Définiteurs alternativement, pour s'aſſurer ſans doute d'avoir en certain tems la pluralité des voix; laquelle demande auroit été inutile, s'ils n'avoient pas crû qu'on doit compter indiſtinctement entre les Définiteurs des deux Obſervances la pluralité des quinze voix. Quant à ce que les Définiteurs de l'Etroite Obſervance rapporterent hier l'Arrêt proviſoire du Parlement au ſujet de la ſiſſion du Chapitre de 1708. les Définiteurs de l'Ancienne Obſervance répondent que le Parlement de Paris a jugé ſimplement, que les élections faites par les quatre Définiteurs Reformés, qui étoient reſtés dans le Chapitre, devoient être maintenus proviſoirement, parce que le Chapitre ayant été convoqué canoniquement, il n'étoit pas permis aux autres Définiteurs de ſe retirer; & qu'ainſi cela ne peut avoir aucune application au cas preſent. Que l'exemple des Etats du Royaume rapporté par les Définiteurs Reformés, où le Clergé ne ne fait qu'une voix, la Nobleſſe une autre, le tiers Etat une autre, ne prouve rien pour leur prétention, parce que dans ces Etats il y a trois corps, & que par conſequent les voix ne ſont jamais mi-parties, ce qui arriveroit dans les Chapitres, ſi la demande des Reformés avoit lieu; de façon que dans les affaires qui intereſſent l'Ordre, on n'y pourroit preſque jamais rien ſtatuer ni décider; pour à quoi obvier les Papes ont créé quinze Définiteurs, & non pas quatorze ou ſeize. Enfin ils repreſentent qu'il n'y a que celui qui a fait la Loi qui peut l'interpreter, & qu'ainſi il n'y a que le Pape qui puiſſe décider la conteſtation au fonds, & que ſi Noſſeigneurs les Commiſſaires veulent la regler proviſoirement, ils leur repreſentent très-humblement, qu'ils ne peuvent le faire que ſuivant l'uſage conſtant & la poſſeſſion non interrompuë, qui eſt le dernier état.

Les Définiteurs de l'Etroite Obſervance ont repliqué, que le Decret de 1693. *In iis Monaſteriis*, ſur lequel il a été queſtion de déliberer, ne regarde pas la Reforme; ce n'eſt qu'une tolerance & une exception de la Regle generale, & notamment de la Regle de S. Benoît, qui ordonne une deſappropriation entiere de toutes choſes; enſorte que les Définiteurs Reformés ont eu raiſon de dire ce matin, que la renovation de ce Decret & la Requeſte de Dom Dumaiſnil ne peuvent les regarder, mais qu'il leur étoit d'une extrême importance qu'il ne parût pas que ce Decret fût émanné du Définitoire commun, attendu d'un côté que leur pratique autoriſée y eſt contraire, & que d'un autre ils ſont aſſujettis à ſe conformer à tout ce qui eſt reglé au Définitoire commun, ſans pouvoir rien faire de contraire dans leurs aſſemblées particulieres, comme il eſt ordonné par l'Arrêt du 22. de ce mois; c'eſt pourquoi ils demandent, que par rapport à eux, la communauté & deſappropriation des Offices, Benefices & revenus y attachés, ſoit toujours ordonnée, ſans qu'il puiſſe y être donné atteinte, ſauf aux Définiteurs anciens de faire ſeulement pour leur Obſervance les exceptions & tolerances qu'ils jugeront à propos, & ce avec d'autant plus de raiſon, que par le Chapitre General de 1676. art. *iiſdem utriuſque Obſervantiæ*, &c. pag. 4. les Définiteurs Reformés ne ſe ſont ſoumis aux ſtatuts de Jean de Bourbon qu'autant qu'ils ſont conformes & non contraires à leur Obſervance, & que les Définiteurs anciens du preſent Chapitre ſe fondent ſur leſdits ſtatuts pour autoriſer cette tolerance du ſuſdit article: *in iis Monaſteriis*.

C'eſt pour ces raiſons que dans le Définitoire commun, lorſqu'il s'agit de faire des reglemens qui intereſſent la Reforme & l'Ordre en general, ils ſoutiennent que les voix ne peuvent être recueillies que par Obſervance & non pas par tête, & perſiſtent leſdits Définiteurs Reformés à demander que dans le preſent Procès verbal il ſoit fait mention des avis de chaque Obſervance ſur le Decret dont eſt queſtion & tous autres qui pourroient pareillement intereſſer l'Ordre en general & les pratiques de la Reforme, ainſi qu'il fut pratiqué au Chapitre General de 1725. en preſence de Noſſeigneurs les Commiſſaires, comme il paroît par le Procès verbal dudit Chapitre; remontrant au ſurplus que ce qui regarde chaque Obſervance en particulier doit être auſſi traité en particulier dans les Définitoires séparés des deux Observances, suivant l'Arrêt de 1705. & autres rendus en consequence. Et à l'égard du reproche fait aux Reformés dans la séance de ce matin, qu'ils contrevenoient aux Bulles des Papes Gregoire IX. Nicolas IV. & Calixte III. les Arrêts de 1705. 1708. & autres les en justifient pleinement ; & quant à la réponse des Définiteurs de l'Ancienne Observance qui vient d'être lûë, ceux de l'Etroite Observance disent, que pour ne pas prolonger la séance, ils se reservent de dire leurs raisons & repliques en tems & lieu pardevant Nosseigneurs les Commissaires lorsqu'ils le jugeront à propos, les Suppliant derechef comme ce matin, de vouloir bien juger ladite contestation selon les pouvoirs qu'ils en ont de Sa Majesté pour établir une paix solide entre les deux Observances.

Les Définiteurs de l'Ancienne Observance ont répondu, que si les Définiteurs de la Reforme ne veulent pas convenir de l'usage que les Définiteurs de l'Ancienne Observance prétendent être constant, ils demandent qu'on lise les Bulles, Chapitres Generaux & Arrêts qui établissent & confirment cet usage, comme on vient de permettre aux Reformés de lire l'article du Verbal du Chapitre de 1725. du Vendredy 27. à trois heures de relevée.

Que cet article cité prouve seulement que les deux Observances ont discuté leurs raisons dans la séance du Vendredy 27. après diné pardevant Nosseigneurs les Commissaires, comme ils le font actuellement dans ce Chapitre, & le feront pour les contestations qui pourront survenir, soutenant qu'ils n'ont point opiné à part dans cette séance, comme le prétendent les Reformés, qu'ils y ont seulement discuté leurs interêts ; & pour le prouver ils ont demandé lecture de l'alinea de la séance précedente, qui commence par ces mots : *Les Définiteurs* de l'une & de l'autre Observance, même page ; & au défaut de lecture, demandent acte de refus.

Surquoi Nosseigneurs les Commissaires ont donné acte aux Définiteurs de l'une & l'autre Observance de leur dire & requisitions, & attendu les demandes cy-dessus, ils se sont reservé en vertu du pouvoir à eux donné par Sa Majesté de prononcer tant sur l'execution du Decret du Chapitre de 1693. commençant par ces mots : *In iis Monasteriis*, que sur la maniere dont les déliberations doivent être prises & formées dans le Définitoire commun du Chapitre General par les Définiteurs de l'une & l'autre Observance ; & à cet effet ordonnent que toutes les pieces, Bulles & autres énoncées dans les requisitions & dires des Définiteurs de l'une & l'autre Observance, ensemble copie du present Procès verbal des séances de ce matin & de cet après-midi leur seront remises auplûtard à la séance de demain matin, & cependant qu'il sera surcis à l'execution de la déliberation prise à la séance de ce matin sur le Decret du Chapitre de 1693. commençant par ces mots : *In iis Manasteriis*, jusqu'à ce que par eux il en ait été autrement ordonné, & qu'au surplus on continuera de proceder dans le Définitoire aux autres reglemens qui doivent être faits dans le present Chapitre, & autres affaires qui doivent y être traitées ; & au-dessous sont les lettres le C. de B. † L. A. de R. M.

Du Vendredy premier Octobre à huit heures du matin.

Les Définiteurs sont entrés au Définitoire avec Monseigneur l'Abbé & Nosseigneurs les Commissaires, & après les prieres, &c. Lecture a été faite du Procès verbal de ce qui s'est passé à la séance d'hier après diné ; & lorsqu'on a été au dernier dire des Définiteurs anciens, Nosseigneurs les Commissaires ont remarqué qu'il est dit, que lesdits Définiteurs anciens demandent qu'il soit fait lecture des Bulles, Chapitres Generaux, Procez verbaux cités dans leur dire ; & qu'en cas de refus, il en fût donné acte. Nosseigneurs les Commissaires ont déclaré qu'ils n'empêchent pas ladite lecture, au contraire ont ordonné qu'elle fût faite ; & à l'instant les Définiteurs de l'Ancienne Observance, après la lecture de l'Ordonnance de Nosseigneurs les Commissaires cy-dessus, de cejourd'hui ont demandé qu'il leur fût permis de faire lecture d'une Remontrance respectueuse qu'ils se trouvent necessités de faire au sujet de leur Ordonnance d'hier trois heures de relevée, & à l'instant elle a été lûë & inserée dans le Procès verbal, ainsi qu'il suit.

Les Définiteurs de l'Ancienne Observance ayant entendu à la clôture de la séance d'hier au soir la lecture d'une Ordonnance de Nosseigneurs les Commissaires se sont crû obligés à l'entrée de la séance, de leur representer très-humblement & requerir, que conformément à l'Arrêt du 16. Septembre de la presente année, qui les commet, les contestations nées & à naître dans le present Chapitre, soient reglées seulement par leur avis, & qu'il ne soit fait aucun reglement que pour assurer l'execution des statuts de l'Ordre, comme il est porté expressément par ledit Arrêt ; qu'en consequence ils representent très-humblement à Nosseigneurs les Commissaires qu'il ne leur est pas donné pouvoir par Sa Majesté de statuer sur les statuts de l'Ordre, dont l'execution est ordonnée par Bulles, Lettres Patentes du Roi, & Arrêts des Cours Souveraines : qu'à l'égard du Decret en question, il n'y a ni difficulté ni contestation sur son execution, puisque tous les Définiteurs anciens ont statué unanimement qu'il sera executé à la lettre, & que les Définiteurs Reformés consentent qu'il ait lieu pour l'Ancienne Observance ; & en effet leur opposition à ce sujet seroit vaine & illusoire, d'autant que le Decret ne peut préjudicier à leurs statuts & pratiques, puisqu'il ne regarde que les maisons où il est en usage de laisser l'administration des revenus aux Titulaires, & qu'il est constant que cela n'est en usage dans aucun Monastere de la Reforme : qu'à l'égard de ce que Nosseigneurs les Commissaires ont ordonné qu'il sera surcis à l'execution de la déliberation prise à la séance du matin sur ledit Decret, jusqu'à ce que par eux il en ait été ordonné autrement, les Définiteurs de l'Ancienne Observance, leur representent très-humblement qu'ils ne sçauroient reconnoître en eux le pouvoir de surséoir l'execution d'une déliberation prise unanimement sur l'execution d'un Decret autorisé des deux Puissances. Enfin quant à ce que Nosseigneurs les Commissaires ont ordonné que l'on continuera de proceder dans le Définitoire aux autres reglemens, ils déclarent qu'ils ne peuvent former aucune déliberation dans le commun Définitoire, jusqu'à ce que la contestation mûë sur la maniere de compter les voix, ſoit reglée comme de droit, ne pouvant y avoir ſans cela aucune deliberation Canonique & Reguliere, & demandent Acte de leur preſente repreſentation & requiſition, & qu'elle ſoit inſerée dans le Procès Verbal du preſent Chapitre.

Noſſeigneurs les Commiſſaires ont interpellé les Définiteurs de l'ancienne Obſervance de declarer ſi le Decret de 1693. commençant par ces mots : *In iis Monaſteriis*, eſt,

1°. Conforme à la Regle de Saint Benoît, & aux Conſtitutions anciennes de l'Ordre de Cluny, ou ſi ce n'eſt qu'une tolerance & une exception de ladite Regle & Conſtitutions.

2°. S'ils entendent que ce Decret n'aura lieu que pour leur Obſervance & pour ceux de leurs Religieux qui ſont actuellement pourvûs de Benefices ou Offices Clauſtraux.

3°. S'ils entendent que ce Decret aura force de loi pour les Religieux de leur Obſervance, qui dans la ſuite ſeront pourvûs de Benefices ou Offices Clauſtraux dans l'Ordre de Cluny.

A quoi leſdits Définiteurs ont repondu ſur le premier article, qu'ils regardent le Decret, *in iis Monaſteriis*, comme une loi fondée ſur les Statuts de Jean de Bourbon, les Chapitres Generaux de 1676. & 1678. & le Decret du jour d'hier renouvellé unanimement dans le Définitoire.

Quant au ſecond article, ils ont dit que le Decret regarde les deux Obſervances, comme ayant été accepté par l'une & par l'autre dans les Chapitres Generaux de 1676. 1678. 1693. 1725. & dans le Decret d'hier.

Quant au troiſiéme article les Définiteurs ont répondu que ledit Decret *in iis Monaſteriis*, doit être regardé comme une loi, *in futurum*, & executé dans toutes ſes circonſtances.

Lecture faite de la reponſe des Définiteurs de l'Ancienne Obſervance, Noſſeigneurs les Commiſſaires leur ont donné Acte de leurſdites réponſes.

Et à l'inſtant ils ont fait la même interpellation quant au premier article ci-deſſus aux Définiteurs de l'Etroite Obſervance.

Surquoi ils ont repondu qu'ils regardoient le Decret, *in iis Monaſteriis*, comme une pure tolerance contraire à la Regle de Saint Benoît & aux anciennes Conſtitutions de Cluny.

Sur le ſecond Noſdits Seigneurs les Commiſſaires ont interpellé leſdits Définiteurs de declarer s'ils entendent que ce Decret aura lieu pour l'une & l'autre Obſervance.

Ils ont repondu que l'execution dudit Decret en tant qu'il permet l'adminiſtration des revenus deſdits Benefices ou Offices, n'a jamais eu lieu dans leur Obſervance, qu'ils demandent qu'il n'y ait jamais lieu à l'avenir, & que c'eſt pour empêcher cette tolerance qu'ils ont fait le ferment ajouté à leur Profeſſion, dont ils demandent qu'aucun de leur Religieux ne puiſſe être diſpenſé ; & que quant aux Religieux de l'Ancienne Obſervance, c'eſt à eux à faire pour leur Obſervance les reglemens qu'ils jugeront à propos : mais quant à eux qu'ils penſent qu'ils ſe rapprocheroient plus de la Regle de Saint Benoît & de l'eſprit de l'Ordre, s'ils faiſoient de même, & Noſſeigneurs les Commiſſaires leur ont donné Acte de leurs dire & reponſe.

Nosseigneurs les Commissaires ont ensuite representé l'obligation qu'avoient tous les Religieux d'executer le vœu de pauvreté qu'ils ont fait, & par consequent de rapporter en commun tous les revenus des Benefices & Offices Claustraux dont ils sont Titulaires, que c'est l'esprit de la Regle de Saint Benoît dont ils font Profession, qu'ils les exhortent & conjurent d'éxaminer avec attention ce qu'elle leur impose, & les obligations qu'ils ont contractées, & attendu qu'il a paru à Nosseigneurs les Commissaires que les Définiteurs de l'Ancienne Observance persistoient dans leur déliberation du 30. Septembre au sujet dudit Statut, Nosseigneurs les Commissaires, sans avoir égard à la remontrance faite par les Définiteurs de l'Ancienne Observance, dans la presente seance, ont ordonné que leur Ordonnance du jour d'hier sera executée, comme aussi celle faite dans la presente séance pour la lecture des Bulles & autres Pieces y mentionnées; ordonnent pareillement que la déliberation du 30. Septembre sur le Decret du Chapitre de 1693. commençant par ces mots : *In iis Monasteriis*, sera executée sous le bon plaisir de Sa Majesté comme une tolerance pour l'Ancienne Observance seulement, ce qui a été accepté par les Définiteurs de l'une & l'autre Observance, & ainsi a fini la seance; au dessous sont les lettres le C. de B. † L. A. de R. M.

Du même jour à quatre heures de relevée.

Les Définiteurs sont entrés avec Monseigneur l'Abbé & Nosseigneurs les Commissaires, &c. Les Définiteurs de l'ancienne Observance ont remis à Nosseigneurs les Commissaires en execution de leur Ordonnance les Pieces contenuës dans l'Inventaire de production signé du Secretaire de l'Ancienne Observance.

Et de la part des Réformés ont été aussi remises les Pieces énoncées dans l'Inventaire de leur production à Nosseigneurs les Commissaires, signé du Secretaire de l'Etroite Observance.

Et à l'instant Nosseigneurs les Commissaires ont demandé qu'il fût continué de travailler aux affaires qui doivent être traitées dans le present Chapitre.

Surquoi Monseigneur l'Abbé a proposé que le Définitoire se separât pour entendre separément les Auditeurs des causes, & commencer à travailler au projet des réünions des Maisons.

Du Samedy 2. Octobre à huit heures du Matin.

Monseigneur l'Abbé avec les Définiteurs de l'Ancienne Observance, & Nosseigneurs les Commissaires Archevêque de Roüen, & Maboul sont entrés, & après les prieres accoutumées les Auditeurs ont fait leur Rapport.

Il a été ordonné que les Moniales vivront en commun, & garderont la Clôture reguliere.

Ensuite Monseigneur l'Archevêque de Roüen s'est retiré pour aller au Définitoire des Reformés.

Les comptes de Dom Dumaisnil Procureur General ont été arrêtés conformément aux apoſtils & avis des Auditeurs des cauſes.

Sur la Maiſon de Nantua a été ſtatué, qu'attendu le deſordre conſtaté par les Procès Verbaux des Viſiteurs, Monſeigneur l'Abbé ſera très-humblement ſupplié de punir leſdits Religieux conformément à leurs fautes, & au cas qu'ils ne ſe ſoumettent pas aux peines qui leur ſeront impoſées, d'implorer l'autorité Royale pour les y contraindre, & qu'en attendant il ne leur ſera pas permis de recevoir des Novices dans leur Maiſon, juſqu'à ce que la vie commune ſoit rétablie dans ledit Monaſtere.

Pour le Prieuré d'Avalon, il a été ſtatué, qu'attendu que ledit Prieuré d'Avalon dépend de Cluny, le ſieur le Beuf pourvû de ce Prieuré ayant fait ſon Noviciat & ſa Profeſſion en vertu d'un pouvoir à lui donné par le Grand Vicaire du Moneſtier Saint Chaffre, & dans une maiſon par lui indiquée, & ce nonobſtant l'oppoſition formée à ladite Profeſſion par notre Procureur General, ledit ſieur le Beuf ſera tenu de faire un nouveau Noviciat dans une Maiſon de l'Ordre déſignée à cet effet.

Sur la Requête preſentée par les Religieux de Moutierneuf, tendante à ce qu'il fût permis auſdits Religieux de propoſer trois Religieux, pour qu'il en fût choiſi un par le Chapitre General pour être Prieur de la Communauté, & rendre la Charge triennale, Dom d'Hauteville Soûprieur dudit Monaſtere & Définiteur s'étant retiré pour qu'il fût opiné en ſon abſence; il a été reſolu que la Requête ſeroit rejettée, & ainſi a fini la ſeance.

Du même jour à deux heures de relevée.

Monſeigneur l'Abbé & les Définiteurs ſont entrés, & après les prieres accoutumées, vû l'Acte capitulaire du 17. Août 1724 par lequel Dom Alexandre Petit Sacriſtain Titulaire du Prieuré de Sezanne, conſent que Dom Jacques Clereau Prieur Clauſtral dudit Prieuré, faſſe rétablir la Maiſon Clauſtrale dépendante dudit titre du Sacriſtain, laquelle étoit tombée en ruïne & devenuë inhabitable depuis 1722. laquelle Maiſon a été rétablie par ledit Dom Clereau qui l'habite actuellement, ledit Acte paſſé du conſentement de Dom de la Vigne alors Prieur Regulier dudit Sezanne, & des Religieux de ladite Communauté, à condition que ledit Dom Clereau reſtera en poſſeſſion de ladite Maiſon ſa vie durant, a été ordonné que ledit Traité ſera homologué & aura ſon effet.

Veu la Requête de Dom Buiſnant Grand Prieur de l'Abbaye de S. Rambert, tendante aux reglemens des frais de viſite & du voyage du Chapitre à prendre par moitié ſur le lot des charges, & attendu que le lot des charges eſt partagé entre l'Abbé & les Religieux, a été ordonné que leſdits frais ſeroient payés par moitié conformément aux Statuts de l'Ordre & aux Arrêts du Grand Conſeil.

A cet inſtant Noſſeigneurs les Commiſſaires ſont entrés pour nous permettre de continuer de travailler en leur abſence à nos affaires en particulier, & dans notre Définitoire juſqu'à Lundy matin, qu'ils ont dit qu'ils viendroient à nôtre Définitoire.

Vû les Requêtes & Memoires réciproques de Dom de Keſſel Prieur titulaire de Charlieu, & des Religieux dudit Monaſtere au ſujet de la cottemorte de Dom Giraudet Chantre, renvoyé par Monſeigneur l'Abbé au Définitoire, dont le Rapport a été fait par Dom Geranton l'un des Auditeurs des Cauſes : ledit Dom de Keſſel Auditeur des Cauſes, & Dom de Borde Définiteur & Chantre en titre dudit Prieuré de Charlieu s'étant retirés comme Parties intereſſées, il a été arrêté & ſtatué que ſans avoir égard aux prétenduës donations entre-vifs & aux diſpoſitions dudit Dom Giraudet, ledit Dom de Keſſel, en qualité de Prieur Titulaire dudit Prieuré de Charlieu, fera ſeul la diſpoſition en entier de ladite cottemorte pour être employée en prieres, aumônes, decorations, & ameliorations dudit Prieuré aux conditions d'en rendre compte toutefois & quantes à Monſeigneur nôtre Abbé.

Vû la Requête preſentée par Dom Leopold Buretel Principal du College de Dole, Vicaire General de Monſeigneur l'Abbé, Viſiteur de l'Ordre de l'Etroite Obſervance dans la Province de Franche Comté, par laquelle il remontre, que n'ayant pas été poſſible d'inſerer dans les Actes du précedent Chapitre General l'homologation & confirmation de la réünion que ſon Eminence Monſeigneur le Cardinal de Boüillon avoit faite du Prieuré de Thierbac en Alſace au Prieuré de Vaucluſe, ne l'ayant été que dans le petit Définitoire après la clôture dudit Chapitre General, ladite réünion ſoit confirmée dans les Actes du preſent Chapitre, nous avons renvoyé cette affaire au commun Définitoire pour y être deliberé.

Les Définiteurs ont remarqué par la Requête preſentée par ledit Dom Buretel qu'il étoit des affaires de telle importance pour l'Ordre, que la déciſion n'appartenoit qu'au Définitoire commun, & pour cet effet il a été fait le Decret ſuivant.

Les Auditeurs des Cauſes rapporteront au Définitoire de notre Obſervance la liſte des affaires dont ils ſont chargés pour déliberer ſur celles qui devront être renvoyées ou au Définitoire commun, ou aux Définitoires de chaque Obſervance, ou bien aux Définiteurs reſervez.

En execution du Decret ci-deſſus, on a ordonné aux deux des Auditeurs des Cauſes de rapporter à la ſéance de demain matin un état de toutes les Requêtes & affaires qu'ils avoient entre les mains pour reſerver celles que les Définiteurs anciens doivent juger, & renvoyer les autres ou au Définitoire commun, ou au Définitoire de l'Etroite Obſervance, ou au petit Définitoire, afin d'être plûtôt en état de travailler au projet de la réünion des Maiſons.

Vû le Contrat d'échange & contre-échange paſſé le 28. d'Avril dernier entre Dom Jean Gaſſaud Recteur & Adminiſtrateur du College de Saint Martial d'Avignon d'une part, & les Superieurs du Seminaire d'Arles d'autre part.

Vû auſſi le Contrat d'échange & contre-échange paſſé le entre Dom Jean Marin Prevôt de Chambon, & les Religieux dudit Chambon d'une part, & M. Alexandre le Grand, Bourgeois dudit Chambon d'autre part.

Vû auſſi le Contrat d'échange & contre-échange paſſé le 18. Septembre

1728. entre Dom Loüis Lucas Prevôt de Saint Pierre d'Abbeville, d'une part, & Messire Claude de Saint Blimont Chevalier Marquis dudit lieu d'autre part; il a été ordonné qu'attendu qu'on ne nous a fait apparoir aucunes informations, Procès Verbaux, ni les consentemens necessaires pour y parvenir, lesdites Informations seront préalablement faites, & les consentemens rapportés en la forme ordinaire pour être rapportées à Monseigneur l'Abbé ou à ses Vicaires Generaux de l'une & l'autre Observance, & par lui être approuvées, & être ensuite rapportées au Chapitre General suivant pour y être confirmées s'il le juge à propos.

Sur la Requête du Prieur de Saint André de Rosan, tendante à ce que l'alienation faite par son prédecesseur sans necessité ni utilité, & même sans aucune formalité necessaire soit annullée, quoiqu'elle ait été approuvée au petit Définitoire du Chapitre General de 1725. Nous ayant égard à la Requête dudit Prieur de Saint André de Rosan, avons ordonné que cette affaire sera renvoyée au Définitoire commun pour y être deliberé.

Du Dimanche 3. Octobre à neuf heures du matin.

Monseigneur l'Abbé & les Définiteurs sont entrés, &c. les Auditeurs des causes sont entrés, lesquels pour satisfaire à l'Ordonnance du Définitoire d'hier de relevée, ont apporté la liste de toutes les Requêtes & Memoires dont ils sont chargés, après l'examen qui a été fait des matieres contenuës ausdites Requêtes & Memoires, on a renvoyé au Définitoire commun les causes qui suivent.

Le Memoire de Madame Beauverger Prieure de Voiray.

La Requête de Dom Melchior Tabary.

Celle du sieur Aubigand, pour Saint Nicolas d'Acy.

Celle de Dom Dufrêne, pour le partage du College de Cluny.

Requête du même pour l'affaire du Monestier.

Plusieurs Placets, Requêtes & Memoires de Dom Arcis prisonnier.

Requête de Dom de Belloy pour Dom Coullon Prieur de Carenac.

Celle de Dom Chastel Sacristain de Courtenay.

La Requête de Dom Buisnant pour l'union d'un Prieuré à Belvaux.

La Requête de Dom Charonnier pour un bâtiment dans le College.

La Réponse à faire aux Religieux de Pologne.

Les causes ci-après ont été renvoyées aux Définiteurs qui seront nommés pour rester après la clôture du Chapitre, sçavoir

La Requête de Dom de Kessel Prieur titulaire de Charlieu, tendante à la punition de Dom François Tiran Sacristain dudit Prieuré.

La Transaction entre Dom de la Ronziere Prieur de Sales, & le sieur Chanrenard.

La Requête de Dom Gallien Montpineau.

Memoire des plaintes de Dom de Poüy, contre Dom Merigon Prieur Claustral de Montaut.

Plainte de Monsieur l'Abbé de Menat contre son Prieur Claustral.

Requête de Dom Gayot pour sa visite au College.

Plainte & procedure contre le sieur Garnier pourvû de la Sacristie de Thiers, sur la Requête de Dom Forissier Prieur de Ris,

Deux

Deux Requêtes de Dom Palhasse Coadjuteur de Fons, l'une pour demander les droits de visite du Prieuré de Gaillac, l'autre pour être payé de 100 liv. de Dom Dissés.

La Requête de Dom Sebastien Vaujani Religieux de Domene de plusieurs affaires concernant sa Communauté.

Plaintes de Dom de Gasdagne, Sacristain de Bord, contre son Prieur.

Requête des Religieux de Lezat qui sont en prison, tendante à être payé de leurs pensions.

Requête de Dom de Marsellanges d'Arson, Prieur de Menat, contre son Abbé, pour être payé de deux voyages qu'il a faits aux deux Chapitres Generaux de 1725. & 1728.

Ensuite a été fait lecture de plusieurs autres Requêtes & Memoires concernant les réünions, lesquelles sont renvoyées au projet des Conventualités lorsqu'on y travaillera; & à l'égard des autres Requêtes & Memoires il y sera statué au present Définitoire, ainsi qu'il suit.

Les Auditeurs des Causes ont commencé par faire leur rapport, disant qu'il leur est revenu de toute part des Memoires sur les scandales & crimes commis par plusieurs Religieux de la Communauté de l'Abbaye de Lezat, de leur rebellion & peu de soumission aux differentes Ordonnances de Monseigneur l'Abbé & des Visiteurs.

1°. De Dom Daydie, Grand Vicaire & Visiteur en 1723.

2°. De Dom Raffin, commis par mondit Seigneur Abbé en 1724.

3°. De leur désobeissance au Decret des Définiteurs du Chapitre General de 1725. ce qui auroit porté Dom de Monclat, nommé Prieur Claustral dans le Chapitre General de 1725. à refuser cette commission, dans la crainte d'être maltraité par ces Religieux, de leur rebellion aux ordres du Roy en la personne de Dom Coullon commis par les Visiteurs pour l'execution de l'Arrêt du Conseil du 11. Juin 1725. concernant le projet de l'union des Maisons; que depuis le Grand Vicaire de Monseigneur le Reverendissime Abbé n'a pas osé y aller par les mêmes raisons, d'autant plus qu'ils ont dit plusieurs fois qu'ils ne vouloient reconnoître ni Monseigneur l'Abbé, ni ses Grands Vicaires: surquoi Dom Palhasse Visiteur de la Province ayant été mandé dans le present Définitoire, a dit, que les mêmes desordres continuoient toujours dans ce Monastere, & qu'il n'a pas osé s'y transporter de peur d'être maltraité comme ceux qui y ont été envoyés.

Surquoi il a été statué, qu'attendu tous les dereglemens des Religieux du Monastere de Lezat ci-dessus expliqués, Monseigneur le Reverendissime Abbé sera très-humblement supplié de punir ces Religieux conformément à leurs fautes & à leurs crimes; &au cas qu'ils ne se soumettent pas aux peines qui leur seront imposées, d'implorer l'autorité Royale pour les y contraindre.

Sur la Requête de Dom Burle, Infirmier de Ganagobie, dont lecture a été faite, Dom Raffin Définiteur s'étant retiré, attendu qu'il est Officier Claustral de Ganagobie, il a été dit que Dom Burle a été debouté de toutes ses demandes. Ainsi a fini la séance.

Du même jour à trois heures de relevée.

Les Définiteurs sont entrés, on a travaillé à composer des Monasteres de dix ou douze Religieux, conformément aux intentions de Sa Majesté.

Du Lundy 4. Octobre à huit heures du matin.

Les Définiteurs de l'une & l'autre Observance, sont entrés avec Monseigneur l'Abbé & Nosseigneurs les Commissaires, &c.

Nosseigneurs les Commissaires ont reglé la contestation survenuë à la séance du Jeudy 30. Septembre sur la maniere dont les Déliberations doivent être formées dans le Définitoire commun, & ont ordonné:

Que les Reglemens & affaires sur lesquelles les Définiteurs croiront devoir déliberer dans le commun Définitoire seront proposées à l'ouverture de chaque séance dudit Définitoire.

Que si l'une & l'autre Observance conviennent que ce qui est proposé est de nature à être reglé par ledit commun Définitoire, l'affaire sera censée commune à tout l'Ordre, & alors les voix seront comptées par personne des Définiteurs sans distinction d'Observance, & la décision sera formée à la pluralité des suffrages.

Que si l'une ou l'autre Observance prétend que l'affaire proposée ne doit pas être mise en déliberation dans le commun Définitoire, en ce cas elle sera renvoyée au Définitoire particulier de l'Observance qui y sera interessée; & ce qui y sera resolu à la pluralité des voix sera referé & inseré dans les définitions du Chapitre general pour être executé de l'autorité dudit Chapitre, conformément à l'Arrêt du Grand Conseil du 30. Mars 1705. & à celui du Conseil d'Etat du 22. Septembre dernier.

Ordonnent les Seigneurs Commissaires que le present Reglement sera executé par provision, seulement pour la tenuë du present Chapitre, sauf à y être définitivement pourvû, ainsi qu'il appartiendra. Ensuite sont les lettres le C. de B. † L. A. de R. M.

Ensuite on a commencé à travailler à l'arrangement pour parvenir à la réünion des maisons: ainsi a fini la séance.

Du même jour à quatre heures de relevée.

Les Définiteurs sont entrés avec Monseigneur l'Abbé & Nosseigneurs les Commissaires, &c. En execution de l'Ordonnance de Nosseigneurs les Commissaires de ce matin, à laquelle le Définitoire a acquiescé, il a été proposé qu'on travailleroit aux Decrets communs à tout l'Ordre; ce qui a été executé, ainsi qu'il s'ensuit.

On a continué la lecture des neuf Decrets du Chapitre de 1693. le Decret, *cum nihil vita Monastica:* a été renouvellé avec la clause que la peine de déposition imposée par le Chapitre general de 1717. ne pourra être reputée comminatoire, & que tous & chacuns les Prieurs Conventuels seront obligez d'apporter au Chapitre general futur un Certificat des Visiteurs & Vicaires Generaux, qui attestent l'établissement de la vie commune dans leurs Monasteres.

ITEM a été renouvellé le Decret qui commence: *Cum ex Novitiorum bonâ institutione:* & a été ordonné qu'à la tête d'icelui sera mis le Decret du même Chapitre: *Nullus sivè Religiosus, sivè sæcularis:* & qu'à cet effet on désignera comme de coutume les Maisons de Noviciat.

Du Mardy 5. Octobre à dix heures du matin.

Les Définiteurs sont entrés avec Monseigneur l'Abbé & Nosseigneurs les Commissaires, &c.

On a continué la lecture des susdits Decrets, ce qui a été fait comme il suit:

Quant à celui qui commence par ces mots: *Professio Religiosa*, il a été unanimement resolu dans le Définitoire commun ce qui suit:

Vû le susdit Decret, les Définiteurs ont deliberé sur la maniere de le mettre en execution dans l'une & l'autre Observance, les Définiteurs de l'Ancienne ont dit, qu'ils avoient coutume de faire leur vœu de stabilité pour un tel Monastere selon l'ancien usage de l'Ordre; & les Définiteurs de l'Etroite Observance ont dit qu'ils avoient coutume de faire leur vœu de stabilité dans l'Ordre & dans leur Observance seulement, disant que cette forme de faire ledit vœu est conforme aux anciens Statuts & usages de l'Ordre, & que tel étoit l'usage du tems des Saints Odilon, Hugues & Pierre le Venerable, Abbés de Cluny; la chose mûrement considerée, & faisant attention que nos anciens Peres ont regardé tout l'Ordre de Cluny comme une seule Maison.

Il a été resolu que l'une & l'autre formule de faire Profession rapportées dans le Procès Verbal du Chapitre general de 1725. seroient conservées respectivement dans l'une & l'autre Observance selon le loüable usage desdites Observances, dont aucune des deux ne se trouve contraire au Decret du Chapitre de 1693. Au contraire après un diligent examen lesdits Définiteurs de l'une & l'autre Observance, ont trouvé l'un & l'autre usage semblable dans le sens, conforme aux anciennes coutumes, & fort propre à conserver & augmenter chacune desdites deux Observances, & cependant il a été ordonné que ledit Decret sera observé à la lettre, quant à l'obéïssance dûë aux Superieurs par tous les Religieux de l'une & l'autre Observance; & ainsi a fini la seance.

Du même jour à quatre heures de relevée.

Les Définiteurs sont entrés avec Monseigneur l'Abbé & Nosseigneurs les Commissaires, &c.

Monseigneur l'Abbé a dit, qu'ayant entendu la lecture du susdit Decret, il consent pour le bien de la paix entre les deux Observances qu'il soit observé par provision, & sans y comprendre la Maison de l'Abbaye de Cluny, au sujet de laquelle il se réserve de faire ses très-humbles Remontrances au Roy pour les propres interêts de Sa Majesté; qu'il est du bien de son service que Sa Majesté connoisse ceux qui doivent élire l'Abbé de

Cluny, que dans toutes les Elections, l'Eglise a toujours été attentive à empêcher qu'un seul pût en être le maître; qu'il avoit été pourvû à cette liberté par le Decret du Chapitre de 1693. revêtu de l'autorité Pontificale & Royale, parce que par le Decret: *Professio Religiosa*, on auroit connu les Profés de Cluny, au lieu que par le Decret qu'on vient de lire le Vicaire General de l'Etroite Observance devient seul le maître du choix de l'Abbé de Cluny, parce que par ce Decret tous les Religieux de la Réforme peuvent se prétendre Profés de l'Abbaye; que le Vicaire General de cette Observance peut composer la Communauté de cette Abbaye des seuls Religieux qu'il sçaura devouez à executer aveuglement ses volontés, à quoi il ne manquera pas de travailler dès qu'une infirmité ou la vieillesse de l'Abbé lui feront présumer une prochaine vacance de l'Abbaye; c'est pourquoi il est de son devoir de faire là-dessus ses très-humbles Remontrances au Roy, afin que Sa Majesté y apporte les remedes que sa prudence & le bien de son Royaume lui inspireront, & a demandé Acte de sa declaration, & qu'elle soit enregistrée dans le present Procès Verbal.

Lecture faite du Decret du Chapitre de 1693. qui commence par ces mots: *Decretum est*: Ensemble du serment que les Religieux de l'Etroite Observance font après qu'ils ont prononcé leur Profession, ainsi qu'il est rapporté au Procès Verbal du Chapitre de 1725. Les Définiteurs de l'Etroite Observance ont declaré, que par ledit serment ils n'ont point intention de contrevenir au Statut du Chapitre General de 1676. commençant par ces mots: *Statuimus quòd Abbas Cluniacensis*: mais y être entierement soumis, de même qu'à celui du Chapitre General de 1678. commençant par ces mots: *Ea delata est ad nos quarimonia*; & en consequence rendre à Nosseigneurs les Reverendissimes Abbés de Cluny toute obéissance prescrite par lesdits Decrets, de même que par les Arrêts de 1705. 1724. & notamment par celui du 22. Septembre de la presente année, aux décisions desquels ils se soumettent d'abondant, de même qu'à l'observation des Edits de 1719. & 1720. rendus pour les Congregations Reformées.

Et sur ce qui a été dit de la part des Définiteurs de l'Etroite Observance, les Définiteurs de l'Ancienne ont dit, qu'ils demandoient que la Formule du Serment, que Monseigneur le Cardinal de Boüillon devoit approuver, conformément au pouvoir qui lui en avoit été donné par le Chapitre de 1693. fût rapporté en original, signé par lui, ou scellé du Sceau de ses armes, ou que si on ne la rapportoit point, ils demandoient que la Formule dudit Serment fût approuvée par Monseigneur l'Abbé; & les Définiteurs de l'Etroite Observance ont répliqué, qu'ils ne représentent point l'Approbation de leur serment donnée par Monseigneur le Cardinal de Boüillon, pour deux raisons. La premiere, parce qu'ils n'ont aucune connoissance, que ledit Seigneur Cardinal en ait donné aucune, & qu'il est à présumer que content de l'addition faite audit Serment, en vertu du Decret du Chapitre general de 1685. commençant par ces mots: *Viso Capituli præcedentis articulo*, il a regardé comme superflu de donner par écrit une Approbation de ce dont il étoit actuellement satisfait. La seconde, parce que, supposé que Monseigneur le Cardinal de

Boüillon ait donné par écrit ladite Approbation, elle n'eſt pas parvenuë juſqu'à eux, & ainſi ils ne la peuvent repreſenter ; mais que l'execution ſuivie, & non interrompuë dudit Serment, avec ſon addition depuis 1685. juſqu'à 1715. au vû & au ſçû dudit Seigneur Cardinal, ſupplée d'abondant au défaut dudit titre.

Et quand à la demande des Définiteurs de l'Ancienne Obſervance, qu'au défaut de ladite répreſentation Monſeigneur l'Abbé donne ladite Approbation ; leſdits Définiteurs Reformez ſoutiennent que cette Approbation eſt inutile par les raiſons ci-deſſus, & qu'aucun Chapitre ne lui a donné le droit de le faire comme celui de 1693. l'avoit donné à Monſeigneur le Cardinal de Boüillon.

Et les Définiteurs de l'ancienne Obſervance ont requis que juſqu'à ce que les Peres de l'Etroite Obſervance ayent rapporté en original & bonne forme la Formule du Serment ; qu'il eſt dit par ledit Decret de 1693. devoir être faite, ils ne pourront faire le Serment dont eſt queſtion, & perſiſtent dans leurs dire & réquiſitions.

Les Définiteurs Reformez ont dit qu'ils fourniſſent pour leur défenſe au contraire, entre pluſieurs raiſons, que par l'Arrêt du 30. Mars 1705. les Statuts, Pratiques régulieres, & Reglemens concernant ladite Obſervance, ne ſont point du Reſſort des Définiteurs de l'Ancienne Obſervance ; mais ſeulement de ceux de l'Etroite.

Et par les Définiteurs de l'Ancienne Obſervance, a été dit, qu'il s'agit quant à preſent de ſçavoir ſi les Religieux de la Reforme ont pris l'Approbation qu'il a été ordonné qu'ils demanderoient à ſon Eminence Monſeigneur le Cardinal de Boüillon, pour être autoriſés à faire ledit Serment, & qu'ainſi la queſtion les regarde, puiſqu'il s'agit de l'execution d'un Decret, & ont perſiſté dans leurs dire & réquiſitions.

Noſſeigneurs les Commiſſaires ont demandé à Monſeigneur l'Archevêque de Vienne, s'il avoit quelque choſe à dire : Surquoi la lecture faite des dires reſpectifs des Définiteurs de l'une & l'autre Obſervance.

Mondit Seigneur Archevêque a répondu, qu'il voit avec douleur le peu d'union qu'il y a entre les deux Obſervances dans le preſent Chapitre, & ſurtout la difficulté qui ſe rencontre à les pouvoir faire convenir à l'amiable, comme leſdits Définiteurs ſont convenus par ſon entremiſe dans la ſéance d'hier & de ce matin, ſur le Decret qui commence par ces mots: *Profeſſio Religioſa* : Et comme il a été aſſez heureux pour les concilier ſur cet article, il eſpere pouvoir pareillement les concilier ſur celui-ci, en les exhortant de bien lire ce que le Pape Innocent XII. dit de leurs Statuts dans le Bref de 1691. Bref revêtu de Lettres Patentes, enregiſtrées au Grand Conſeil, & en faiſant pareillement attention au Chapitre de 1693. revêtu de Bulles & doubles Lettres Patentes, pareillement enregiſtrées, & dont le Roi a ordonné l'execution par l'Arrêt de ſon Conſeil du 25. Novembre 1724. Il a ajoûté que s'agiſſant d'aſſûrer l'état des Religieux, il eſpere que Noſſeigneurs les Commiſſaires voudront bien lui donner le tems juſqu'à la ſéance de demain, pour travailler à une ſi bonne œuvre, & en conſequence de la demande dudit Seigneur Abbé. Il a été ſurcis à la deciſion de la preſente conteſtation, juſqu'à la ſéance de demain.

Du Mercredi sixiéme Octobre, à dix heures du matin.

Les Définiteurs sont entrés avec Monseigneur l'Abbé, & Nosseigneurs les Commissaires, & aprés les prieres accoûtumées, &c. a été dit qu'avant le Définitoire, lesdits Définiteurs de l'une & l'autre Observance s'étant rendus dans l'appartement de Monseigneur l'Archevêque de Vienne, en conséquence de la réquisition ci-dessus, Monseigneur l'Abbé les a exhorté à terminer de concert, toutes les difficultez qui causent entre eux des contestations, & leur ayant proposé les moyens de conciliation, ils sont convenus que sur la contestation du Serment que les Peres Reformez font aprés leur Profession, & duquel ils n'ont pû rapporter la Formule qu'en devoit faire Monseigneur le Cardinal de Boüillon, en vertu du Statut du Chapitre general de 1693. *Decretum est ne deinceps:* soit qu'il n'y en ait point, soit qu'elle ne se puisse trouver, les Définiteurs des deux Observances sont convenus, par la médiation de Monseigneur leur Abbé, pour le bien de la paix, & pour achever l'ouvrage de la conciliation des deux Observances, que ledit Serment, ainsi qu'il sera transcrit cy-aprés, sera prononcé à l'avenir immediatement apèrs la Profession, donnant à cet effet toute Approbation requise & necessaire audit Serment, en vertu de l'autorité Apostolique dont ils sont revêtus au present Chapitre, & les Définiteurs de l'Etroite Observance, pour prévenir toute difficulté, ont déclaré & déclarent, qu'à l'occasion dudit Serment, ils ne prétendent point se soustraire à l'obéïssance dûë à Nosseigneurs les Abbés de Cluny, soit Réguliers, soit Postulés en Commende.

Suit la Formule du Serment. *Voyez le Chapitre Latin.*

Du même jour, à trois heures de relevée.

Les Définiteurs, avec Monseigneur l'Abbé, & Nosseigneurs les Commissaires étant entrés, aprés les prieres, &c. on a lû les Projets d'union pour former des Conventualitez de douze à dix Religieux pour l'une & l'autre Observance, lesquels Projets sont annexez à la minutte du présent procez verbal, & paraphez; ce qui a occupé toute la séance.

PROJET DES CONVENTUALITEZ

POUR L'ANCIENNE OBSERVANCE.

PROVINCE DE FRANCE.

COLLÈGE DE CLUNY.

Les quatre Manses du Doyenné de Gassicourt, . . 4. Religieux.
Deux manses du Prieuré d'Auteüil, ... 2. Religieux.
La Sacristie de Courtenay, ... 1. Religieux.
Deux manses du Prieuré de Saint Christophe en Halate, 2. Religieux.
La Sacristie de Grandchamp, ... 1. Religieux.

10. Religieux.

PRIEURÉ D'ABBEVILLE.

Il y a neuf Manses & neuf Religieux. 9. Religieux.
Le Noviciat y est établi.

ELINCOURT.

Huit Manses & huit Religieux, ... 8. Religieux.
La Sacristie de Bresne, ... 1. Religieux.
La Sacristie de Bretigny, ... 1. Religieux.

10. Religieux.

LIHONS EN SANTERRE.

Ne sont que huit, doivent être dix. Son Altesse Monseigneur l'Archevêque de Vienne les y contraindra. Le revenu suffit.
Deux Offices Claustraux d'annexés, . . . 10. Religieux.

NOGENT LE ROTROU.

Six Religieux, ... 6. Religieux.
N. D. des Charniers lès Sens, *possedé par un Ancien*, 1. Religieux.
La Sacristie de S. Fal, *possedé par un Reformé*, . 1. Religieux.
La Sacristie de Cannes, *le Prieur soutient qu'il n'y en a point*, ... 1. Religieux.
Le Sacristain du S. Sepulcre de Villacerf, *supprimé sans formalité*, 1. Religieux.
La Manse de Ceton, *les Religieux de Nogent y nomment, & deux Religieux en ont été pourvûs depuis quelques années*, 1. Religieux.

11. Religieux.

SEZANNE.

Quatre Religieux,	4. Religieux.
Gaye,	3. Religieux.
Montlean,	1. Religieux.
Mergerie,	1. Religieux.
Tours sur Marne,	1. Religieux.
	10. Religieux.

BONNY.

Quatre Religieux,	4. Religieux.
Saint Reverien,	2. Religieux.
Aubigny, *possedé par un Religieux de Saint Maur*,	1. Religieux.
Lurcy le Bourg,	1. Religieux.
Montempuis, *possedé par un Religieux de Saint Maur*,	1. Religieux.
Joigny,	1. Religieux.
Daunay le Prieuré uni à Bonny, quand il ne sera pas possedé par les Benedictins Anglois.	
	10. Religieux.

LONGUES.

Cinq Religieux,	5. Religieux.

Cette Abbaye est aggregée à l'Ordre; elle ne peut être augmentée par cette raison : D'ailleurs elle n'a rien dans la Normandie qui lui puisse être uni.

PROVINCE D'AUVERGNE.

PRIEURE' DE RIS.

Quatre Religieux,	4. Religieux.
Thiers,	3. Religieux.
La Sacristie d'Augerolle,	1. Religieux.
Elle est possedée par un Curé ; le Procureur general peut le poursuivre : après sa mort elle reviendra surement en Regle.	
Bort,	2. Religieux.
	10. Religieux.

MOUSTIER D'AUN.

Huit Religieux,	8. Religieux.
La Souterraine,	3. Religieux.
Il y a encore de plus le Noviciat.	
	11. Religieux.

ABBAYE

ABBAYE DE MENAT.

Huit Religieux, ... 8. Religieux.
Montluçon dépendant de Menat, . . 2. Religieux.
10. Religieux.

PREVOTÉ DE CHAMBON.

Neuf Religieux, ... 9. Religieux.
Saint Vory, ... 1. Religieux.
10. Religieux.

PROVINCE DE LYON.

AMBIERLE.

Ils sont huit Religieux, . 8. Religieux.
Saint Germain des Fossez, ... 3. Religieux.
11. Religieux.

CHARLIEU.

Huit Religieux, ... 8. Religieux.
Thizy . . . . . 2. Religieux.
Rigny, ... 1. Religieux.
Saint Nizier, ... 1. Religieux.
12. Religieux.

SAINT VIVANT.

Sept Religieux, ... 7. Religieux.
Sacristie de Chaux, . . . 1. Religieux.
Manse de Charolles, ... 1. Religieux.
Vandœuvres, ... 1. Religieux.
Marmesses, ... 1. Religieux.
11. Religieux.

NANTUA.

On n'y reçoit que des Gentilshommes, & l'on n'y peut faire aucune translation.

L'ABBAYE DE S. RAMBERT EN BUGEY.

Sept Religieux, ... 7. Religieux.
La Sacristie de Monetay, ... 1. Religieux.
Villars Salette, ... 1. Religieux.
Tâcher de réünir les deux Sacristies de Talissieu & de Concieux.
10. Religieux.

Le Sacristain de Concieux est Prieur Titulaire de Vilette en Savoye, & Religieux de l'Ordre, *en écrire au Roi de Sardaigne.*

SALES.

Deux Religieux, ... 2. Religieux.
Sacristie de Montbertou, ... 1. Religieux.

3. Religieux.

PROVINCE DE POITOU.

L'ABBAYE DE MONTIERNEUF.

Onze Religieux, ... 11. Religieux.
Et l'Abbé qui doit être Regulier.

11. Religieux.

SAINT EUTROPE DE XAINTES.

Sept Religieux, ... 7. Religieux.
La Sacristie de Barbesieux, ... 1. Religieux.

8. Religieux.

Il y aura difficulté pour ce Prieuré, parce qu'il n'y a point de Sacristies voisines & dans la Province; mais comme il y aura des Religieux & Prieurs Titulaires qui n'ont aucune Maison, l'on en enverra dans ce Monastere.

Il y a outre cela Noviciat, & le Prieur Titulaire promet d'augmenter les revenus, comme il a déja fait pour fournir à la subsistance de trois Religieux de plus.

PROVINCE DE GASCOGNE.

MEZIN.

Six Religieux, ... 6. Religieux.
Quatre Manses d'Euse, ... 4. Religieux.

SAINT MONT.

10. Religieux.

Sept Religieux, ... 7. Religieux.

Les obliger d'être dix, y ayant revenu suffisant, 10. Religieux.

TOUGET.

Cinq Religieux, ... 5. Religieux.
En demandant partage ils pourront être six. Il faut y unir les quatre Manses des Montaut, & cela formera la Communauté de dix Religieux, ... 10. Religieux.

CARENAC.

Ne sont que six Religieux, doivent être huit, . 8. Religieux.
Les deux Manses d'Euse, . . . 2. Religieux.

10. Religieux.

FONS.

Huit Religieux, ... 8. Religieux.
Il y aura Noviciat.
La Sacristie de Staffort, . . . 1. Religieux.
La Sacristie de Cazaux la Plume, ... 1. Religieux.

10. Religieux.

LEZAT.

Douze Religieux, ... 12. Religieux.
Quatre Prébandiers, . . .

S. ORENS DE LAVEDAN A DEUX LIEUES D'ESPAGNE.

Cinq Religieux, ... 5. Religieux

Ils n'ont que des casuels & oblations pour revenu; ils ne pourroient rien porter en les transferant. On peut voir si l'on peut faire quelque échange sur les lieux avec d'autres Religieux.

Saint Orens de Lavedan ne formera plus de Communauté, mais sera réüni à quelque Communauté la plus proche.

PROVINCE DE DAUPHINÉ, PROVENCE, & Savoye.

THEIN.

Quatre Religieux, ... 4. Religieux.
La Cure de Thein est séculiere; mais elle doit retourner en Regle
Saint Marcel de Die, ... 4. Religieux.
Sacristie de Grazac, ... 1. Religieux.
Sacristie d'Ervois, ... 1 Religieux,
Sacristie de Rampon, . . . 1. Religieux,
Sacristie de Rozieres, ... 1. Religieux.

12 Religieux.

MANTHE.

Le Roi ayant ordonné que l'on ne peut demander partage au Prieur, l'on ne pourra lui en demander sous prétexte de Conventualité, ni lui demander d'augmentation de bâtiment, ni un plus grand entretien: on y établira la Conventualité ſeulement, parce que c'eſt la Maiſon la plus convenable pour y mettre les Sacriſties.

Deux Religieux,	2. Religieux.
Saint Romain du Puy,	4. Religieux.
Sacriſtie de Taluy,	1. Religieux.
Sacriſtie de Ternay,	1. Religieux.
Sacriſtie de Champ-Dieu,	1. Religieux.
Sacriſtie d'Artas,	1. Religieux.
Celle d'Oyeux ſi on peut la mettre en regle.	
	10. Religieux.

SAINT MARCEL DU SAUZET.

Trois Religieux,	3. Religieux.
Tournac,	3. Religieux.
Sacriſtie d'Alaix,	1. Religieux.
Sacriſtie d'Eure,	1. Religieux.
Sacriſtie de Chateüil,	1. Religieux.
Sacriſtie de la Chaux,	1. Religieux.
	10. Religieux.

PONT SAINT ESPRIT.

Treize Religieux,	13. Religieux.

VALENSOLLE.

Cinq Religieux,	5. Religieux.
Sacriſtie de la Grand,	1. Religieux.
Sacriſtie de Theſe,	2. Religieux.
Sacriſtie de Caſſeneuve,	1. Religieux.
Saint André de Roſan,	1. Religieux.
	10, Religieux.

GANAGOBIE.

Sept Religieux,	7. Religieux,
Sacriſtie de Rochemore,	1. Religieux.
Sacriſtie de Sarian.	1. Religieux.
Sacriſtie de Tulette,	1. Religieux.
	10. Religieux.

SAINT PIERRE D'ALLEVART.

Trois Religieux,	3. Religieux.
Domaine,	4. Religieux.
Sacriſtie de Valbonay:	1. Religieux.
Saint Sebaſtien de Trieves,	1. Religieux.
Sacriſtain de Touvel,	1. Religieux.
Sacriſtie de Vigile quand elle ſera en regle,	
	10. Religieux.

Saint Martial d'Avignon, tel qu'il a été reglé au dernier Chapitre de 1725,

Bellevaux en Savoye, tel qu'il est.

Les Définiteurs de l'Ancienne Observance soutiennent qu'il y a fin de non-recevoir à la Maison d'Auteüil contre les Reformez, par l'Arrêt du 15. Octobre 1727. n'y ayant jamais eû de contestation sur cette Maison, qui a toûjours appartenu à l'Ancienne Observance : Et à l'égard de Courtenay ils demandent qu'il y soit pourvû en leur faveur, attendu que la Sacristie a toûjours été possedée par un Religieux de l'Ancienne Observance, & que les Reformez ne sçauroient prétendre d'autres Maisons que celles qui leur ont été accordées par ledit Arrêt de 1727.

NOMS DES MAISONS DE L'ETROITE Observance de l'Ordre de Cluny, & nombre des Religieux qu'on y entretiendra dans la suite.

L'ABBAYE DE CLUNY,

Diocese de Mâcon, Generalité de Bourgogne, onze Officiers Claustraux, trente-six Reformez.

La Charite' sur Loire,

Diocese d'Auxerre, Generalité de Bourges, six Offices Claustraux, vingt-deux Religieux.

S. Martin des Champs,

Dans la Ville de Paris, quatre Offices Claustraux, dont les revenus sont unis à la Manse Conventuelle, trente-cinq Religieux, cinq Novices.

Souvigny,

Diocese de Clermont, Generalité de Moulins, six Offices Claustraux, douze Religieux Reformez.

Souxillanges,

Diocese de Clermont, Generalité de Riom, douze Religieux Reformez, sept Offices Claustraux.

La Voute Chilpac,

Diocese de Saint Flour, Generalité de Riom, treize Religieux Reformez.

Mozac,

Diocese de Clermont, Generalité de Riom, six Religieux Reformez, *deux Anciens qui joüissent du revenu de leurs Offices*, & à mesure que les Anciens mourront, on les remplacera par des Reformez.

POMIERS,

Diocese de Lyon, Generalité de Lyon, six Religieux Reformez. Ils y seront dix.

S. MARCEL LE'S-CHALONS,

Diocese de Châlons, Generalité de Bourgogne, douze Religieux Reformez.

PARAY,

Diocese d'Autun, Generalité de Bourgogne, sept Religieux Reformez. Ils y seront dix.

MARCIGNY,

Diocese d'Autun, Generalité de Bourgogne, trois Religieux Reformez.

S. PIERRE LE MOUTIER,

Diocese de Nevers, Generalité de Moulins, dépendance de Saint Martin d'Autun, Congregation de Saint Maur, aggregée à Cluny, deux Offices Claustraux, cinq Religieux.

S. ETIENNE DE NEVERS,

Diocese de Nevers, Generalité de Moulins, deux Offices Claustraux, cinq Religieux Reformez.

Y unir les Sacristies de Bourbon, l'Ancy, de Volvic, de Royat, & de la Ferté.

LONGUEVILLE,

Diocese & Generalité de Roüen, six Reformez, quatre Anciens; & à mésure qu'un Ancien mourra, on remplira sa place d'un Reformé.

MONTDIDIER,

Diocese & Generalité d'Amiens, trois Offices Claustraux, quatre Religieux Reformez.

Nanteüil y sera uni, à moins qu'il ne plaise à Nosseigneurs les Commissaires & au Roy d'y unir Courtenay.

COINCY,

Diocese & Generalité de Soissons, quatre Offices Claustraux, treize Religieux Reformez & un Frere.

REUIL,

Diocese de Meaux, Generalité de Paris, dix Religieux Reformez, quatre Offices Claustraux.

S. LEU D'ESSERENT,

Diocese de Beauvais, Generalité de Paris, quatre Offices Claustraux, dix Religieux Reformez.

NANTEUIL,

Diocese de Meaux, Generalité de Soissons, deux Offices Claustraux, trois Religieux Reformez.

On y bâtir, mais il sera uni à Montdidier, à moins que Sa Majesté n'y unisse la Conventualité d'Auteüil.

S. Nicolas d'Acy,

Diocese de Senlis, Generalité de Paris, deux Offices Claustraux possedez par des Anciens, cinq Reformez. Les pensions éteintes, les Reformez promettent d'y envoyer dix Religieux.

Long-Pont,

Diocese & Generalité de Paris, quatre Offices Claustraux, six Religieux, & promis d'y en mettre sept. Ils s'obligent d'y être dix quand les pensions qu'ils payent à deux Anciens, seront éteintes.

S. Denis de la Chartre,

Dans la Ville de Paris, sept Religieux Reformez.

Ils ne peuvent y être davantage, à moins que Sa Majesté n'ordonne que le Seminaire de Saint François de Sales n'y donne le tiers au lieu du quart.

Moirax,

Diocese de Condom, Generalité d'Auch, sept Religieux Reformez.

On y unira Saint Lezer, & ils seront dix.

Lairac,

Diocese de Condom, Generalité d'Auch, six Religieux Reformez, & cinq Offices Claustraux, & à mesure que les Anciens sortiront, on les remplacera de Reformés; & quand tous les Offices Claustraux viendront à la Reforme, on y mettra dix Religieux au moins.

S. Lezer,

Diocese de Tarbes, Generalité d'Auch, cinq Religieux Reformez.

Il sera uni à Moirax.

Crepy.

Saint Arnoul de Crepy, Diocese de Senlis, Generalité de Paris, dix Religieux Reformez.

Dans ce Projet de réünion, il n'a pas été fait mention des Conventualitez d'Auteüil & de Courtenay, attendu que Nosseigneurs les Commissaires se sont reservez de prononcer dessus.

Du Jeudi sept Octobre, à huit heures du matin.

Sont entrés le Reverendissime Abbé & les Définiteurs de l'une & l'autre Observance dans le Définitoire où Nosseigneurs les Commissaires n'ont point assisté.

Il a été convenu, sous le bon plaisir de Nosseigneurs les Commissaires, pour accelerer, qu'on ne transcrira tout au long que les Arrêts des 21. Mars & 16. Septembre 1728. dont on a fait lecture à l'ouverture du Chapitre, & que tous les autres Arrêts seront transcrits sur une feüille ſeparée, pour être lûs à l'endroit où ils doivent être, ſi Noſſeigneurs les Commiſſaires le jugent à propos, & pour être imprimés à la ſuite du procez verbal.

Le Définitoire ayant appris que pluſieurs des Evêques, dans les Dioceſes deſquels ſont ſituées l'Abbaye de Moneſtier & ſes dépendances, unie depuis très-longtems à l'Ordre de Cluny, veulent profiter, en vertu du Concile de Trente, & de l'Ordonnance de Blois, des conteſtations qui ſont ſurvenuës entre ladite Abbaye & l'Ordre de Cluny, pour les ſoûmettre à leur Juriſdiction, & appréhendant d'un autre côté que les Religieux de ladite Abbaye & dépendances, ne ſe ſervent de ces conteſtations & prétentions deſdits Evêques, pour éluder & ne pas ſe ſoûmettre aux arrangemens pris dans ce preſent Chapitre pour former des Conventualitez de dix ou douze Religieux dans tout l'Ordre, de même qu'aux autres Decrets & Statuts du preſent Chapitre, principalement à ceux faits dans le Chapitre general de 1693. & renouvellés dans celui-ci.

Tous leſdits Définiteurs unanimément, ſupplient très-humblement Sa Majeſté, qui a accordé de tout tems une protection particuliere à l'Ordre, & Noſſeigneurs les Commiſſaires de ne pas permettre que cette Abbaye & ſes dépendances, ſoient démembrées dudit Ordre, qui en ſouffriroit de très-grands préjudices, & en même tems les obliger à ſe ſoûmettre aux Statuts faits pour tout l'Ordre; & pour y parvenir leſdits Définiteurs ont prié le Reverendiſſime Abbé d'employer ſes bons Offices auprès de Sa Majeſté, & de Noſſeigneurs les Commiſſaires.

Après avoir pris lecture de tous les Decrets des Chapitres de 1693. & 1725. & ayant remarqué qu'outre les neuf articles dont l'execution a éte ſpécialement ordonnée par Sa Majeſté, il y en avoit d'autres dont l'obſervation, quoique très-neceſſaire pour la conſervation de l'Ordre, & de la diſcipline étoit negligée, nous avons crû devoir en ordonner de nouveau l'execution; ſçavoir les ſuivans.

1°. Celui qui eſt contre la reception dans l'Ordre des Religieux Mandians qui commence: *ſtatutum eſt ne deinceps.*

2°. Celui qui commence par ces mots: *Nullus deinceps Abbas aut Prior Commendatarius.*

3°. Celui qui commence par ces mots: *Prohibitum eſt nè in poſterum.*

4°. Celui qui commence: *Omnes Priores Clauſtrales.*

5°. Celui qui commence: *Licet in præcedentibus capitulis* (avec cette addition) qu'après ces mots: *ad Abbatem Cluniacenſem*, on ajoutera, *vel ejus Vicarios Generales pro quâlibet obſervantiâ reſpectivè.*

6°. Celui qui commence: *Inſuper nullus Prior aut Procurator*, avec cette addition, que les contrevenans auſdits articles cinquiéme & ſixiéme, ſeront, ſçavoir le Procureur déposé & le Prieur ſuſpendu par les Viſiteurs dans le cours des viſites.

7°. Celui qui fait défenſe d'introduire les femmes dans le Monaſtere: *Nullus in Monaſteriis & Prioratibus.*

8°. A l'article qui commence par ces mots: *Non ſine magno*, ajouter, *ſine Licentiâ Reverendiſſimi Abbatis aut Vicariorum ejus generalium.*

9°. Celui

26

9°. Celui qui commence : *Renovando statuta Ordinis juxta.*

Renouvellons aussi les Decrets du Chapitre de 1725.

1°. Celui qui commence : *Cum nobis relatum sit.*

2°. Celui : *Item innovamus Decretum Capituli anni* 1717. avec cette addition, que les Religieuses n'ayant souvent qu'un Aumônier pour leur Messe Conventuelle, feront dire une Oraison pour le défunt, reciteront l'Office des Morts, & feront une Communion à même intention.

Nouveau Decret : AYANT appris qu'il y a beaucoup de negligence dans quelques Maisons pour le renouvellement des Saintes Hosties, avons ordonné qu'elles seront renouvellées une fois par semaine, & qu'à cet effet il en sera fait mention dans le Directoire, & que ce jour là, la seconde Collecte de la grande Messe sera *de Sanctissimo Sacramento.*

On suppliera Sa Majesté de donner une Declaration, par laquelle il sera dit, que les traités que font les Abbés ou les Prieurs avec leurs Religieux pour les partages & unions ne sont pas sujets aux droits d'amortissement.

Du même jour à cinq heures de relevée.

Les Définiteurs sont entrés au Définitoire avec Monseigneur l'Abbé, & après les prieres accoûtumées a été appellé Dom Guillaume Despringles Prieur de Reüil, lequel a apporté le Missel approuvé suivant l'ordre donné dans le dernier Chapitre, & Monseigneur l'Abbé a dit qu'il avoit chargé le R. P. le Brun Prêtre de l'Oratoire de lui en dire son avis, lequel en a fait l'Eloge, & a donné son approbation dans une lettre addressée audit Seigneur Abbé en datte du 2. de ce mois, & qui sera transcrite à la fin dudit Chapitre, en consequence dequoi on a ordonné l'impression dudit Missel.

Ensuite ledit Dom Despringles a presenté aussi le Processional, le Ceremonial & le Rituel, & on a nommé Dom Dumaisnil Prieur d'Abbeville, Dom Chatelus Archidiacre de Cluny, & les deux Procureurs Generaux qui seront nommés au present Chapitre, avec injonction aux quatre Religieux ci-dessus de remettre entre les mains de Monseigneur l'Abbé leurs avis, afin qu'il lui plaise donner son approbation, après laquelle on imprimera lesdits Livres.

On a rapporté la Requête presentée par les Peres de la Province de Franche Comté pour obtenir l'homologation de l'union du Prieuré de Thierbac au Prieuré de Vaucluse faite par Monseigneur le Cardinal de Bouillon Abbé de Cluny ; ce qu'on a fait sur le champ en ces termes.

Vû ladite union nous l'avons homologuée & confirmée.

Sur le Requisitoire des Auditeurs des causes au sujet de l'Abbaye de Figeac qui n'a été secularisée qu'aux conditions que les Abbés de Cluny auroient toujours la jurisdiction sur ladite Abbaye, & qu'elle nommeroit un Député pour assister à tous les Chapitres Generaux de l'Ordre, & apporteroit le tiers d'une once d'or, & autres charges, laquelle n'ayant pas satisfait à cette obligation depuis le Chapitre de 1678, quoiqu'on ait toujours envoyé des Indictions dans lad. Abbaye : Nous ordonnons aux Procureurs Generaux dudit Ordre de les poursuivre pour les y contraindre.

Vû la Requête de Dom Jean Maître, Prieur titulaire de Mezin, a été ordonné qu'elle sera communiquée à Dom Despesse Prieur Claustral dudit Mezin, pour le tout être jugé par le Définitoire reservé, autrement dit petit Définitoire.

Sur la Requête de Dom de Kessel Prieur titulaire de Charlieu rapportée par Dom de Geranton (Dom de Kessel Auditeur des causes s'étant retiré) a été ordonné qu'attendu le petit nombre des Religieux de sa Communauté, parmi lesquels il y a deux freres & un Cousin germain desdits deux freres qui pourroient l'emporter à la pluralité des voix dans les affaires de la Communauté au préjudice d'icelle, lesdits deux freres ne feront qu'une voix quand ils seront de même avis.

Sur la Requête presentée par les Prébendiers de Lezat, vû le jugement du dernier Chapitre, a été ordonné qu'il sera executé par les Religieux dudit Lezat, & que faute d'y satisfaire, ils seront poursuivis par le Procureur General de l'Ordre.

Sur la Requête presentée par les Religieux Reformés de Layrac, au sujet des prétentions de Dom Goze, & de Dom Cappot, il a été ordonné que la Pension de Dom Goze seulement sera payée jusqu'au 26. Fevrier dernier, & que Dom Cappot n'y a point de droit; & qu'à l'égard des dépens demandez par Dom Coullon pour les frais du Procès jugé à Toulouse, il en est débouté.

La Requête de Dom Charronier, pour augmenter son appartement, renvoyée à Monseigneur l'Abbé pour y faire droit.

Sur la Requête de Dom Buisnant, Grand Prieur de Saint Rambert, au sujet de l'union du Prieuré de Chamont, au Prieuré de Bellevaux, a été ordonné que Monseigneur l'Abbé nommera des Commissaires pour informer *de commodo & incommodo.*

Sur la Requête des Religieux Reformés de Carenac, contre Dom Coullon, il a été ordonné qu'elle sera renvoyée au petit Définitoire reservé.

Du Vendredy 8. Octobre à huit heures du matin.

Sont entrés les Définiteurs, Monseigneur l'Abbé & Nosseigneurs les Commissaires, & après les prieres accoûtumées.

Lecture a été faite de ce qui a été arrêté aux séances d'hier; & lorsque l'on a lû le renouvellement du Statut du Chapitre de 1693. commençant par ces mots: *omnes Priores*, Nosseigneurs les Commissaires ont interpellé les Définiteurs de l'Etroite Observance, si ce Statut étoit observé parmi eux, à quoi ils ont repondu que quelquefois il étoit observé, mais que communément il ne l'étoit pas; & sur les representations de Nosseigneurs les Commissaires, il a été resolu que ce Decret seroit renouvellé en y ajoutant ces mots: *utriusque observantiæ:* & qu'à l'avenir l'usage contraire ne pourroit prévaloir; ce qui a été approuvé par le commun Définitoire, ensemble tout ce qui avoit été fait aux séances d'hier.

Ensuite on a choisi pour Imprimeur de l'Ordre Pierre Simon.

Il a été deliberé de faire le Decret suivant: *Quia nobis discessuris remanent res quædam, quibus non potuit provideri, propter multitudinem negotiorum, quæ nobis in præsenti Capitulo incubuerunt, quatuor ex nobis in hoc Collegio octo diebus post capitulum remansuris; scilicet Reverendis DD. RAFFIN,*

CLEREAU, ALLARD & POCHARD, ut illis definitivè provideant, quæ in processu verbali continentur, ne quid ruat in pejus, omnimodam potestatem nobis concessam tradimus & committimus & ab iis sancita post acta capituli generalis transcribentur.

Il a été deliberé de renouveller le Decret fait dans le Chapitre de 1678. qui commence par ces mots: *Utriusque observantiæ Definitores inania, irrita & nullius roboris*, jusqu'à ceux-ci *supplicantes:* avec cette addition *in communi Definitorio, vel in Definitoriis utriusque Observantiæ.*

Les Définiteurs ont ordonné que le Livre intitulé: *Statuta & consuetudines ordinis Cluniacensis cum constitutionibus pro regulari seu strictâ observantiâ in duas partes distributa*, sera examiné quant à la premiere partie qui regarde le regime par les deux Procureurs Generaux des deux Observances, qui après l'avoir examiné ensemble, en feront leur rapport à Monseigneur l'Abbé; & s'il se trouvoit quelque difficulté sur le regime, Monseigneur l'Abbé choisira en nombre égal des Religieux de chaque Observance pour les terminer avec mondit Seigneur, & ce qui sera par eux reglé sera executé provisoirement jusqu'au Chapitre general prochain.

Dom Pierre le Blanc est entré, Nosseigneurs les Commissaires lui ont demandé, si sur les trois chefs de demandes par lui formées dans sa Requête ausdits Seigneurs Commissaires, il vouloit s'en rapporter au jugement du Définitoire, lequel a signé au bas de sa Requête qu'il s'y rapportoit.

Oüi ensuite le rapport des Auditeurs des causes & leur avis, la matiere mise en déliberation sur l'article concernant le secours qu'il demande pour ses Grades, il a été decidé qu'il ne lui seroit rien fourni.

Sur la demande en reddition de compte, & sur la repetition des arrerages de sa Manse de Gournay, après que son compte a été lû & examiné, il a été decidé qu'il ne pourroit rien demander aux Boursiers du College, comme lesdits Boursiers ne pourroient rien lui demander, ce qui a été approuvé par lesdits Seigneurs Commissaires.

Du même jour à trois heures de relevée.

Les Définiteurs sont entrés au Définitoire avec Monseigneur l'Abbé & Nosseigneurs les Commissaires, & il a été dit que l'Ordre de Cluny ayant eû dans les Royaumes d'Espagne une Province sous sa Jurisdiction, composée de vingt-quatre Abbayes ou Prieurés considerables, & les guerres continuelles entre la France & cette Couronne, leur ayant donné lieu de se soustraire audit Ordre, on a tout lieu d'esperer dans la conjoncture presente du Congrés, que la protection dont son Eminence Monseigneur le Cardinal de Fleury veut bien honorer l'Ordre, le portera à employer ses bons offices auprès du Roy d'Espagne ou de ses Plenipotentiaires pour obliger lesdits Monasteres à reconnoître & se soumettre à l'Ordre de Cluny, ainsi qu'ont fait sept Monasteres considerables de Pologne dans le present Chapitre, c'est pourquoi les Définiteurs ont prié Monseigneur leur Abbé d'accorder ses bons offices auprès de son Eminence à cet effet.

Les Auditeurs des causes ayant fait le rapport d'un Bail amphiteotique passé par M. le Prieur Commendataire de Saint Nicolas d'Acy, dont on demande l'homologation au Chapitre General, les Auditeurs des causes de l'Ancienne Observance ont été d'avis de rejetter la Requête, attendu les défauts de formalité qui s'y trouvent, & ceux de l'Etroite Observance ont été d'avis de l'homologation, attendu que toutes les formalités requises ont été observées jusqu'à present.

L'affaire mise en deliberation, il a été decidé à la pluralité des voix que l'homologation sera rejettée.

Les Définiteurs de l'Etroite Observance ont representé que la Déliberation n'a pas dû être prise à la pluralité des voix, mais par chaque Observance, de même que le rapport des Auditeurs des causes a été entendu par Observance, & font à ce sujet toutes protestations necessaires, attendu que cela regarde plus particulierement leur Observance.

Les Définiteurs de l'Ancienne Observance ont dit au contraire que cela regarde tout l'Ordre.

Nosseigneurs les Commissaires ont interpellé les Définiteurs de l'une & l'autre Observance, d'aviser & de proposer dans le present Chapitre les moyens les plus convenables pour parvenir à l'execution du projet inseré dans le present Procès Verbal pour l'établissement des Conventualités de douze à dix Religieux au moins.

Les Définiteurs ont demandé jusqu'à la séance de demain pour repondre à ladite interpellation, ce qui leur a été accordé.

Du Samedy 9. Octobre à huit heures du matin.

Monseigneur l'Abbé & les Définiteurs de l'Ancienne Observance sont entrés dans leur Définitoire, où il a été deliberé sur plusieurs Decrets & affaires contenuës dans une feüille ci-jointe, laquelle a été paraphée.

1°. Il est ordonné aux Visiteurs de rapporter leurs Procès Verbaux de leurs visites, pour être remis aux Auditeurs des causes du Définitoire du Chapitre general prochain.

2°. Il faut renouveller le Decret de 1725. qui commence par ces mots: *Item renovamus Decreta*; & ajouter qu'au retour du contrevenant le Superieur selon sa prudence, lui impose une peine, & qu'outre cela le Délinquant soit privé de voix active & passive pendant un an.

3°. Et comme il y a beaucoup d'autres inconveniens qui arrivent dans les Monasteres dont il y a plusieurs plaintes, & d'autres qu'on ne peut prévoir, Monseigneur notre Abbé est très-humblement prié de faire une Ordonnance, par laquelle on puisse remedier à tous ces inconveniens, qui sera envoyée dans toutes les Maisons de l'Ordre pour être lûë tous les mois au Réfectoire.

On a appellé les Auditeurs des causes, & Dom Geranton l'un d'eux a rapporté la Requête presentée par Doms Hunot, Collin & Allié Religieux d'Ambierle, contre Dom de Borde Prieur Claustral dudit Monastere au sujet d'un prétendu faux serment, fait par ledit Dom de Borde pour une diminution d'especes & autres motifs d'icelui, contenus dans leur Requête à Nosseigneurs les Commissaires.

Vû ladite Requête & la reponse dudit Dom de Borde qui s'est retiré du

Définitoire ; avons debouté lesdits Religieux de leurs demandes, & declaré qu'il n'y a point de faux serment, & que ladite Requête est injurieuse, & que le traité passé par la mediation de Dom de Kessel sera executé selon sa forme & teneur.

Deux Requêtes de Dom de Borde, l'une pour faire confirmer une Sentence contradictoire contre Dom Hunot, renduë par Dom de Kessel, & l'autre pour faire sortir Dom Hunot de la Maison d'Ambierle, renvoyée au petit Définitoire reservé.

Transaction du sieur Ricard, Prieur de Ribieres, avec Monsieur de Valbelle sur un Procès pendant à Grenoble, laquelle Dom Gassaud a ratifiée, renvoyée, *Idem.*

Ayant appris par Dom Gayot Prieur Claustral du Pont Saint Esprit, qu'il y avoit deux places vacantes dans ledit Prieuré, il a été ordonné qu'elles ne seroient pas remplies, & que Monseigneur l'Abbé y pourvoira.

Du même jour à trois heures de relevée.

Les Définiteurs sont entrés avec Monseigneur l'Abbé, & Nosseigneurs les Commissaires, &c. Nosseigneurs les Commissaires ont demandé aux Définiteurs s'ils avoient travaillé à repondre à leur interpellation sur les moyens les plus convenables pour parvenir à l'execution du projet d'union pour former les Conventualités.

Les Définiteurs de l'Ancienne Observance ont dit en reponse à ladite interpellation faite par Nosseigneurs les Commissaires que desirant de tout leur cœur de contribuer de leur part à tout ce qui peut accelerer la formation des grosses Conventualités de leur Observance, ils ont lû & consideré tout ce qui avoit été fait depuis les Chapitres de 1676. & 1678. jusqu'au 25. Juillet 1682. pour parvenir à cette fin. Ils sçavent qu'on y a travaillé depuis que les Chapitres Generaux de l'Ordre ont été honorés de la presence des Commissaires du Roy ; qu'au mois de Decembre 1678. le Siege Abbatial de Cluny étant vacant, le Roy Loüis XIV. de glorieuse memoire forma une commission pour cet effet, dans laquelle outre Monseigneur de Harlay Archevêque de Paris, le Reverend Pere de la Chaise Confesseur du Roy, & Monsieur Pelisson Maître des Requêtes, qui avoient été Commissaires aux Chapitres de 1676. & 1678. Sa Majesté y ajouta M M. Dubois de Guedreville, Bignon & Boulanger, de Vienne, Maîtres des Requêtes, & Président au Grand Conseil, ausquels au mois de Mars 1679. par Arrêt du Conseil d'Etat fut joint Monsieur Hennequin Procureur General du Grand Conseil. Que ces MM. avoient travaillé dans de frequentes conferences entre eux jusqu'au mois de Juin 1682. à former des grosses Conventualités sans avoir pû surmonter les obstacles, comme il paroît par les Registres de leurs Conferences tenus par Monsieur Pelisson, & qui sont entre les mains de Monseigneur l'Abbé de Cluny ; mais qu'ils ne doutent pas que Nosseigneurs les Commissaires ne soient plus heureux à trouver les expediens convenables ; que quant à eux ils ne se croyent pas en état de fournir ces moyens, quelques sinceres & ardens que soient leurs desirs pour une œuvre si desirable ; qu'ils seront toujours prêts d'obéïr aux Ordres du Roy, & de mettre à execution les moyens que la sagesse du Conseil de Sa Majesté lui inspirera; mais que quant à present ils ne voyent rien de mieux à faire de leur part que de s'en rapporter aux lumieres & à la prudence de Monseigneur leur Reverendissime Abbé General; qu'à cet effet ils lui transportent toute l'autorité dont le Définitoire peut être revêtu en ce qui concerne la formation de ces Conventualités, le priant d'y employer non-seulement son autorité ordinaire, mais encore l'autorité du Saint Siege dont il sera revêtu par son Bref de délegation, & de travailler de concert avec Nosseigneurs les Commissaires à surmonter par l'autorité du Roy les obstacles étrangers qui ont empêché depuis 50. ans l'execution d'un projet si utile à l'Ordre de Cluny, & si propre à l'édification de l'Eglise.

Et les Définiteurs Reformez ont repondu.

1°. Que pour mettre dix Religieux à Saint Denis de la Charrre, ils ne voyent pas d'autres moyens que de faire donner par le Seminaire de Saint François de Sales le tiers des revenus au lieu du quart par l'autorité du Roy & de Nosseigneurs les Commissaires selon la justice.

2°. Pour Nanteüil qui vient d'être bâti tout à neuf, on ne voit pas d'autre moyen que d'y unir la Conventualité d'Auteüil, s'il plaît à Sa Majesté & à Nosseigneurs les Commissaires.

3°. Pour Montdidier, le seul moyen est d'y unir Courtenay, s'il plaît à Sa Majesté & à Nosseigneurs les Commissaires.

Si l'on ne peut unir Auteüil à Nanteüil, ni Courtenay à Montdidier, on ne voit pas d'autres moyens que les contributions des Prieurés, selon ce qui est reglé par le Chapitre general de 1693.

Saint Lezer sera uni à Moirax, si on ne peut unir Saint Orens de Lavedan à Saint Lezer. Si cette union pouvoit se faire, on promet d'entretenir dix Religieux à Moirax.

Les Auditeurs des causes de l'Etroite Observance ont rapporté six Requêtes des Boursiers de leur Observance au College de Cluny, par lesquelles ils demandent:

1°. D'être dechargés des onze cens livres de refusion & payement qu'ils font aux Boursiers de l'Ancienne Observance.

2°. Pour la fourniture des Ornemens de la Sacristie.

3°. Au sujet du Chirurgien du College.

4°. Pour regler entre le Prieur du College & le Superieur des Reformés les jours qu'ils doivent officier.

5°. Au sujet des ouvertures qui donnent sur la Cour de derriere dudit College.

6°. Sur la Manse prétenduë par Dom Dufaur.

Sur lesquelles Requêtes ils supplient Nosseigneurs les Commissaires de vouloir bien statuer.

Monseigneur l'Abbé a dit qu'il n'y a que huit jours que le Superieur des Ecoliers Reformez lui a parlé de la prétention des Ornemens, & de la difficulté qu'il y a entre le Prieur du College & ledit Superieur des Reformés, qu'il lui a repondu que la question lui paroissoit décidée en 1725. & que comme on alloit former une Conventualité au College, quand elle seroit formée, il regleroit de quelle maniere le Prieur de la Conventualité, le Prieur du College & le Superieur des Reformés se gouverneroient sur cet article, & que d'ici à la Toussaint, jour auquel on doit officier, il regleroit cette difficulté.

Au sujet du Chirurgien, qu'il a ordonné en presence de plusieurs Religieux de les raser, tondre, & saigner comme les Anciens.

Au sujet des vûës sur la Cour de derriere, par où l'on jette des pots de Chambre, c'est l'affaire du Commissaire du quartier & de la Police, & qu'il fera faire une descente sur les lieux.

Et pour les autres demandes, cela regarde Dom Dufaur & le Prieur du College.

A l'instant a été fait lecture du verbal fait dans le Définitoire particulier de l'Etroite Observance, lequel a été inseré dans le present Procès verbal, ainsi qu'il suit:

PROCE'S VERBAL

DU DE'FINITOIRE DE L'ETROITE Observance du Chapitre General de l'Ordre de Cluny, tenu au College de Cluny le 26. Septembre 1728. & autres jours suivans.

Du Lundy 27. Septembre 1728. à sept heures du matin.

LEs Définiteurs de l'Etroite Observance se sont assemblés dans leur Définitoire particulier chaque jour, avant que d'entrer dans le Définitoire commun, où après les prieres accoûtumées.

Le R. P. Dom Hilaire Tripperet a dit, qu'étant Définiteur, il ne pouvoit faire les fonctions de Procureur General pendant le cours du Chapitre, à laquelle charge il avoit été nommé au Chapitre General de 1725. & qu'ainsi il remettoit son institution entre les mains des Reverends Peres Définiteurs de l'Etroite Observance, qui à l'instant ont nommé

D. Loüis Parent, Prieur Claustral de Longueville, & D. Loüis Matharel Prieur Claustral de la Voûte Chillac, élûs hier Auditeurs des causes pour l'Etroite Observance, pour faire conjointement & séparément les fonctions de Procureur General, & les requisitions necessaires en cas de besoin.

Ensuite est entré le R. P. Dom Gerard Poncet, Superieur, Vicaire General de Monseigneur l'Abbé pour l'Etroite Observance, qui a rémis aux Définiteurs son institution, ensemble les Sçeaux de son office, & rendu compte de son administration.

Du Mardy 28. Septembre à sept heures du matin.

Les Définiteurs de l'Etroite Observance se sont assemblez dans leur Définitoire particulier, où après les prieres accoûtumées, sont entrés les Reverends Peres Dom Antoine de Banſiere Prieur Clauſtral de Saint Leu d'Eſſerent, & Dom Pierre-Loüis Fricaud Prieur Clauſtral de Souvigny, Viſiteurs de l'Etroite Obſervance qui ont remis leurs Inſtitutions auſdits Définiteurs, les Sçeaux de leurs Offices, les verbaux de leurs viſites, & ont commencé à rendre compte de toutes les Maiſons, & des Religieux qu'ils ont viſité.

Du même jour 28. Septembre à une heure de relevée.

Les Définiteurs de l'Etroite Obſervance ſe ſont aſſemblés dans leur Définitoire particulier, où après les prieres accoûtumées, leſdits Reverends Peres Viſiteurs ont continué de rendre compte des Maiſons & Religieux qu'ils ont viſité.

Du Mercredy 29. Septembre à ſept heures du matin.

Les Définiteurs de l'Etroite Obſervance ſe ſont aſſemblés dans leur Définitoire particulier, où après les prieres accoûtumées, leſdits Reverends Peres Viſiteurs ont continué leur rapport, & notamment de l'oppoſition formée par Dom Jean Martin, & par Dom Jean Marie Grimont Religieux Profés de l'Etroite Obſervance de l'Ordre de Cluny, à la Profeſſion de Frere Alexandre Goyet, & a été ordonné que les Pieces à nous laiſſées par leſdits Reverends Peres Viſiteurs, ſeroient communiquées aux Auditeurs des cauſes, faiſant les fonctions de Procureur General, & ainſi a fini la ſeance de relevée.

Du Jeudy 30. Septembre à ſept heures du matin.

Les Définiteurs de l'Etroite Obſervance ſe ſont aſſemblés dans leur Définitoire particulier, où après les prieres accoûtumées ils ont fait appeller les Conventuels & Députés des Communautés, qui ayant remis ſur le Bureau les Actes de leur députation, ont juſtifié des permiſſions des Superieurs majeurs pour leurs députations, & ont fait les repreſentations dont ils étoient chargés.

Du même jour 30. Septembre à une heure de relevée.

Les Définiteurs de l'Etroite Obſervance ſe ſont aſſemblés dans leur Définitoire particulier, où après les prieres accoutumées, on a lû les Memoires, Lettres, & Requêtes addreſſées au Définitoire de l'Etroite Obſervance.

Du Vendredy premier Octobre à ſept heures du matin.

Les Définiteurs de l'Etroite Obſervance ſe ſont aſſemblés dans leur Définitoire particulier, où après les prieres accoûtumées, le R. P. D. Hilaire Tripperet a rendu compte des affaires de l'Etroite Obſervance dont il étoit chargé en qualité de Procureur General de ladite Obſervance,

vance dont il étoit chargé en qualité de Procureur General de ladite Obſervance, ce qu'il a continué & fini à la ſéance de relevée.

Du Samedi ſecond Octobre à huit heures du matin.

Les Définiteurs de l'Etroite Obſervance ſe ſont aſſemblés dans leur Définitoire particulier, où après les prieres accoûtumées, les Auditeurs des cauſes, en préſence de Noſſeigneurs les Commiſſaires, ont fait leur rapport des états des Maiſons, des Mémoires & Requêtes à eux renvoyées par le Définitoire de l'Etroite Obſervance, & ont achevé à la ſéance de relevée, en préſence de noſdits Seigneurs les Commiſſaires.

Du Dimanche trois Octobre à huit heures du matin.

Les Définiteurs de l'Etroite Obſervance ſe ſont aſſemblez dans leur Définitoire particulier, où après les prieres accoutumées, on a commencé à entendre en particulier chaque Prieur de la Réforme, qui après avoir remis leurs inſtitutions auſdits Définiteurs de l'Etroite Obſervance ont rendu compte de leur adminiſtration tant au ſpirituel qu'au temporel; ce qui a été continué dans la ſeance de relevée, dans laquelle a été auſſi entendu le Reverend Pere Dom Leopold Buretel Viſiteur de la Province de Franche Comté, qui a auſſi rendu compte des Maiſons de cette Province tant au ſpirituel qu'au temporel.

Du Lundy quatre Octobre à ſept heures du matin.

Les Définiteurs de l'Etroite Obſervance ſe ſont aſſemblés dans leur Définitoire particulier, où après les prieres accoutumées, ils ont entendu le reſte des Prieurs: Enſuite ils ont fait entrer dans leurdit Définitoire Dom Joſeph Deshaires Prieur de Coincy, & Dom Claude Baudinot Prieur de Crepy, Auditeurs des excuſes: leſquels nous ont remis les Exoines de Dom Jean-Baptiſte Maître, Prieur Titulaire de Mezin, & Définiteur du dernier Chapitre; de Dom Pierre Rouher, Prieur Clauſtral de Bourbon Lancy; de Dom Antoine Bullot, Superieur de Marcigny; de Dom Gabriel Fovin, Prieur Clauſtral de Long-Pont, & de Dom Jacques Fricaud Prieur Clauſtral de Saint Lezer, & nous ont dit que leurs Exoines étoient légitimes, fondés ſur leurs maladies, atteſtées par des Medecins; après quoi leſdits Définiteurs ont examiné le Projet de réünion de quelques Bénéfices aux Maiſons de leur Obſervance, pour établir des grandes Conventualités.

Du même jour quatre Octobre à deux heures de relevée.

Les Définiteurs de l'Etroite Obſervance ſe ſont aſſemblés dans leur Définitoire particulier, où après les prieres accoûtumées, ils ont examiné & revû de nouveau le ſuſdit Projet.

Du Mardi cinq Octobre à ſept heures du matin.

Les Définiteurs de l'Etroite Obſervance ſe ſont aſſemblés dans leur

Définitoire particulier, où après les prieres accoûtumées, ils ont fait appeller Dom Jean Martin, en conſequence du Requiſitoire des Auditeurs des cauſes de l'Etroite Obſervance, pour ſçavoir de lui les raiſons qu'il avoit euës de s'oppoſer à la Profeſſion de Frere Alexandre Goyet, lequel Dom Jean Martin, après les avoir déduites & reconnuës frivoles & mal-fondées, s'en eſt départi, & s'eſt ſoumis par avance à tout ce qui ſeroit décidé par les Définiteurs de l'Etroite Obſervance, & a remis auſdits Définiteurs toutes les pieces qu'il avoit concernant cette affaire.

L'après dîné, il n'y a point eû de Définitoire particulier de la Reforme, attendu que l'on s'eſt aſſemblé avec les Définiteurs de l'Ancienne Obſervance, pour tâcher de ſe concilier au ſujet du Serment que font les Religieux de la Reforme, immédiatement après leur Profeſſion.

Du Mercredi ſix Octobre à ſept heures du matin.

Les Définiteurs de l'Etroite Obſervance ſe ſont aſſemblés dans leur Définitoire particulier, où après les prieres accoûtumées, ils ont lû le Procez verbal d'évaſion du Frere Charles la Chapelle Convers, ſorti furtivement de la Maiſon de Reüil, & la Requête dudit Frere Charles la Chapelle, qui demande à être reçû à pénitence.

Plus celle de Frere Charles Arcis Clerc, Manſionaire au Monaſtere de la Voûte-Chiliac, & deux Sentences renduës contre lui; l'une du 22. Mars 1722. & l'autre du 5. Janvier 1727. On les a renvoyées aux Auditeurs des cauſes, faiſant les fonctions de Procureur General de l'Etroite Obſervance pendant la tenuë du Chapitre, pour donner leurs Concluſions ſur icelles.

Enſuite on a commencé à dreſſer les Statuts & Reglemens qui concernent l'Etroite Obſervance, dont la teneur s'enſuit.

1° Nous approuvons & confirmons tous les Reglemens faits dans la Diete tenuë à Saint Martin des Champs au mois de Decembre 1726.

2°. Les Freres Convers & Oblats ne pourront être tirés des Maiſons où ils ont été reçûs, & de celles où ils ſont actuellement, ni être renvoyés dans d'autres Monaſteres, ſans le conſentement des Superieurs tant des Maiſons d'où on voudra les tirer, que de celles où on voudra les envoyer.

3°. Après la mort deſdits Freres Convers & Oblats, on inſcrira leurs noms dans le Necrologe de tous nos Monaſteres, & on y fera pour eux les mêmes prieres que pour les Religieux de Chœur.

Du même jour ſix Octobre à deux heures de relevée.

Les Définiteurs de l'Etroite Obſervance ſe ſont aſſemblés dans leur Définitoire particulier, où après les prieres accoûtumées, ils ont continué à dreſſer les Statuts & Reglemens pour leur Obſervance.

4°. Dans les Maiſons de Noviciat, on ne prendra les Balottes ou ſuffrages que des Religieux qui ſe trouveront actuellement dans l'Aſſemblée Capitulaire où ſe font leſdites Balottes.

5°. Les Novices qui après le dixiéme mois depuis leur prise d'Habit, auront été balottés & reçûs par la Communauté à la Balotte, ne pourront être renvoyés par les Senieurs, sans le consentement de ladite Communauté.

6°. Nous ordonnons qu'un an après la Profession des jeunes Religieux on leur donnera un Maître pour leur faire des leçons des humanités pendant la derniere année de leur Noviciat, sans cependant qu'ils soient dispensez d'autres exercices que du travail manuel.

7°. Que les cours de Philosophie & Theologie seront de cinq années ou environ; & que si quelqu'un des Ecoliers quitte son cours sans des raisons légitimes, & approuvées des Superieurs majeurs, il ne pourra être envoyé aux Ordres de trois ans.

8°. Que dans toutes les Maisons de nôtre Observance on sera plus exact à faire l'Office de la nuit à l'heure prescrite par nôtre sainte Regle; comme aussi à aller à la meditation du matin à l'heure prescrite par les Constitutions: Et en cas de négligence de la part des Superieurs locaux à y tenir la main, les Visiteurs dans leur Acte de Visite, feront dire la coulpe ausdits Superieurs en présence de la Communauté, & leur imposeront une pénitence réguliere; & en cas de récidive les suspendront de toutes fonctions de Prieur pendant huit jours au moins.

9°. La Messe Conventuelle ne pourra être appliquée pour satisfaire aux Messes que les Fideles demandent journellement.

10°. Ceux qui auront mangé de la Viande, surtout hors du Monastere, sans une permission expresse du Superieur; laquelle il ne doit accorder qu'en cas d'infirmité, subiront la peine prescrite par les Constitutions, dont le Superieur ne pourra les dispenser.

11°. Quand on envoyera un Religieux d'une Maison à l'autre, il ne pourra emporter avec lui d'autres Livres que le Nouveau Testament, un Breviaire, un Diurnal, l'Imitation de Jesus-Christ, la Regle & la Pratique de la Regle, sous peine de privation de voix active & passive pendant six mois.

Du Jeudi sept Octobre à sept heures du matin.

Les Définiteurs de l'Etroite Observance se sont assemblés dans leur Définitoire particulier, où après les prieres accoûtumées, ils ont continué les Statuts & Reglemens concernant leur Observance.

12°. Les Visiteurs dans le cours de leur visite, s'informeront des Prieurs des Maîtres des Novices & d'Etude, de ceux qu'ils croyent capables d'envoyer étudier dans le College de Cluny, pour en faire leur rapport au Chapitre general. *Statut d'Henry I. dans la Bibliotheque de Cluny. Col. 1579.*

13°. Les Etudians audit College feront trois fois la semaine entre eux des conferences sur les matieres qu'ils étudient, sous la direction de leur Superieur. *Col. 1580.*

14°. Aucun desdits Etudians ne pourra prendre des grades sans la permission par écrit du Superieur, Vicaire general de Monseigneur l'Abbé pour l'Etroite Observance, & des deux Visiteurs, après l'attestation de leur Superieur local. *Col. 1581.*

15°. Les atteſtations du tems d'étude, & les inſcriptions deſdits Etudians, ſeront remiſes entre les mains du Superieur Vicaire General de Monſeigneur l'Abbé pour ladite Etroite Obſervance.

16°. Les Religieux ne pourront être envoyés aux Ordres que ſur le Démiſſoire du Superieur, Vicaire General de Monſeigneur l'Abbé pour l'Etroite Obſervance.

17°. Les Superieurs locaux ne pourront accorder à leurs Religieux que ſix jours de récréation à une journée du Monaſtere : Ceux qui enſeignent, n'auront que quinze jours de recréation pendant les Vacances, & ce tems ne poura leur être prolongé que par une permiſſion par écrit du Superieur, Vicaire General de Monſeigneur l'Abbé pour l'Etroite Obſervance, ou des Viſiteurs dans le cours de leur Viſite : Ceux qui tranſgreſſeront cette Loi, diront leur coulpe en plein Chapitre, & ne pourront ſortir du Monaſtere de deux mois conſecutifs.

18°. La Robbe & Scapulaire neufs de chaque Religieux ont été fixez dans le Définitoire de l'Etroite Obſervance à la ſomme de quarante livres, juſqu'à ce que les étoffes étant diminuées de prix, il y ſoit ſtatué autrement ; & lors qu'un Religieux ſortira d'une Maiſon pour être envoyé dans une autre ſans être habillé à neuf à l'inſtant de ſon départ, il apportera avec lui la datte du tems auquel il aura été habillé, & le Monaſtere d'où il ſortira tiendra compte au Monaſtere où il ſera envoyé au *prorata* du tems depuis lequel ledit Religieux aura été habillé : Les Reverends Peres Viſiteurs dans leurs Actes de Viſites, feront executer la preſente Ordonnance ſur les repreſentations qui leur ſeront faites.

19°. Les Superieurs tiendront la main à ce que les Religieux qu'ils auront nommés pour avoir ſoin des Greniers & de la Cave, tiennent chacun un Regiſtre particulier de leurs recettes & de leurs miſes, & les obligeront à en rendre compte au mois d'Avril de chaque année, en préſence des Senieurs.

20°. On ne lira point au Chapitre la premiere partie des Conſtitutions qui traite du Regime, juſqu'à ce qu'elle ſoit approuvée.

Du même jour 7. Octobre à deux heures de relevée.

Les Définiteurs de l'Etroite Obſervance ſe ſont aſſemblés dans leur Définitoire particulier, où après les prieres accoûtumées, ils ont rendu les Jugemens qui s'enſuivent.

1°. Sur la Profeſſion du Frere Alexandre Goyet.

Vû l'oppoſition de Dom Jean Martin & de Dom Jean-Marie Grimont, Religieux Profés de l'Etroite Obſervance de l'Ordre de Cluny, à la Profeſſion de Frere Alexandre Goyet, en datte du 12. Mars dernier 1728, ſignifiée le lendemain 13. deſdits mois & an à Dom Pierre Allard, Soû-Prieur de l'Abbaye dudit Cluny ; le Procès verbal dreſſé par les Reverends Peres Doms Pierre-Loüis Fricaud Viſiteur, & Antoine Reynaud Prieur de Paray ſon Adjoint, *in hac parte*, faiſant la Viſite réguliere dans la ſuſdite Abbaye le 26. du mois d'Avril de la même année & jours ſuivans ; autres Pieces concernant ladite oppoſition, enſemble le Requiſitoire des Auditeurs des cauſes, faiſant les fonctions de Procureur

General pour l'Etroite Obſervance pendant la tenuë du préſent Chapitre ; le Déſiſtement pur & ſimple dudit Dom Jean Martin, de la ſuſdite Oppoſition & ſon répentir, ainſi qu'il eſt porté dans l'Interrogatoire qui lui a été fait dans le Définitoire de nôtre Obſervance, & les Concluſions deſdits Auditeurs des cauſes, du 6. Octobre preſent mois & an : AVONS déclaré l'Oppoſition deſdits Dom Jean Martin, & Dom Marie Grimont, à la Profeſſion de Frere Alexandre Goyet, frivole, nulle, temeraire & abuſive ; & en conſequence la Profeſſion Religieuſe dudit Frere Alexandre Goyet, bonne, valable & canonique.

2°. Sur les plaintes portées contre Frere Charles Arcis, Clerc.

Vû le Procès verbal, Sentences de condamnation, & autres Pieces juſtificatives de la mauvaiſe conduite & déréglement de Frere Charles Arcis, Manſionaire au Prieuré de la Voûte-Chiliac ; enſemble les placets & Requêtes préſentées à Sa Majeſté, à Noſſeigneurs les Commiſſaires, & à Monſeigneur l'Abbé de Cluny ; le Requiſitoire & Concluſions de Dom Loüis Parent, l'un des Auditeurs des cauſes, faiſant les fonctions de Procureur General pendant le preſent Chapitre, AVONS déclaré ledit Frere Charles Arcis déſobéïſſant & rebele à ſes Superieurs, calomniateur, & incorrigible ; en conſequence le condamnons à garder pour priſon le lieu qui lui ſera aſſigné par le Prieur Clauſtral du Prieuré de la Voûte, ſans en pouvoir ſortir, écrire, parler ni communiquer avec aucune perſonne du dehors ; qu'en même tems on lui donnera l'Habit de Fr. Oblat ; que l'Habit de Religieux ne lui ſera rendu qu'après avoir donné des marques de ſon répentir & de ſa converſion, & par ordre des Reverends Peres Viſiteurs, en Acte de viſite, ou du Reverend Pere Superieur, Vicaire General de Monſeigneur l'Abbé pour l'Etroite Obſervance.

3°. Sur l'évaſion de Frere Charles la Chapelle, Convers.

Vû le Procès verbal dreſſé par Dom Guillaume du Cameru, Soûprieur du Prieuré de Reüil en Brie, du 24. Septembre dernier 1728. de l'évaſion de Frere Charles la Chapelle Convers. Requête dudit F. Charles la Chapelle addreſſée aux Définiteurs de l'Etroite Obſervance, qui demande miſericorde ; le Requiſitoire des Auditeurs des cauſes, faiſant la fonction de Procureur General de ladite Etroite Obſervance pendant le preſent Chapitre General ; Nous l'avons renvoyé pardevant le Reverend Pere Superieur, Vicaire General de Monſeigneur l'Abbé pour ladite Etroite Obſervance, qui ſera nommé au preſent Chapitre, pour être par lui ſtatué ce qu'il aviſera.

Dom Joſeph Depeint, Prieur Titulaire de Saint Marcel du Sauzet, ayant toûjours refuſé d'obéir aux Superieurs de l'Etroite Obſervance, ſous prétexte qu'il n'eſt plus ſous leur Juriſdiction, les Définiteurs de ladite Etroite Obſervance ſupplient humblement S. A. Monſeigneur leur Abbé d'y apporter les remedes convenables.

Du Vendredi huitiéme Octobre à ſept heures du matin.

Les Définiteurs de l'Etroite Obſervance ſe ſont aſſemblés dans leur Définitoire particulier, où après les prieres accoûtumées, a été ordonné.

21°. Que les Aſſiſtans du Reverend Pere Superieur de la Reforme, Vicaire General du Reverendiſſime Abbé, lui ſeront immédiatement ſoumis, & le Monaſtere où ils demeureront leur fournira tout ce qui leur ſera neceſſaire en nourriture & habillement, tant en ſanté qu'en maladie, & qu'ils n'auront point de voix active au Chapitre dudit Monaſtere.

22°. Les Maiſons deſtinées pour le Noviciat de la Reforme ſeront:
L'Abbaye de Cluny,
Et le Prieuré de Saint Martin des Champs à Paris.

Enſuite on a procedé par voye de Scrutin à part & hors la préſence du Seigneur Abbé, & des Définiteurs de l'Ancienne Obſervance, à l'Election des Superieurs & Prieurs des Monaſteres de la Reforme, des Aſſiſtans & du Procureur General.

Voyez le Chapitre Latin.

Affaires renvoyées au Définitoire reſervé après la clôture du preſent Chapitre.

1°. Une Requête de Dom Germont, Procureur de Saint Martin des Champs, au ſujet de la Taxe de l'Ordre.

2°. Une Requête de D. François Charpentier, Religieux de Saint Leu d'Eſſerent, pour être diſpenſé de l'Hebdomade à cauſe de ſa vieilleſſe.

3° Une Requête de D. Pierre Harlé, Prieur de Montdidier, pour des repititions ſur la Communauté de Coincy.

4° Une Requête de D. Loüis Parent, Prieur de Longueville, pour des repetitions contre la Communauté de Crêpy.

5°. Une Requête de D. Nicolas Bonnet, appointée & renvoyée ſeulement pour reddition de ſes comptes.

6°. Une Requête de Frere Claude Drouillac, Oblat de la Maiſon de Mozac, qui demande l'Habit de Frere Convers.

Du Samedi neuf Octobre 1718. à huit heures du matin.

Les Définiteurs de l'Etroite Obſervance ſe ſont aſſemblés dans leur Définitoire particulier, où après les prieres accoûtumées, a été miſe ſur le Bureau une Requête de Dom Nicolas Bonnet Bourſier Reformé au College de Cluny, tendante à ce qu'il lui fût permis d'être transferé de l'Etroite Obſervance dans l'Ancienne, attendu les infirmitez qu'il allegue: Surquoi a été déliberé qu'avant faire droit ſur ladite Requête, le Suppliant rendra ſes comptes depuis qu'il eſt Procureur des Bourſiers de l'Etroite Obſervance au College, pardevant les Définiteurs reſervez de ladite Etroite Obſervance après le preſent Chapitre, le Superieur des Reformez dudit College y appellé pour les débattre s'il y a lieu, & qu'il ſe pourvoira enſuite pardevant le Superieur de ladite Etroite Obſervance, Vicaire General du Reverendiſſime Abbé, qui ſera élû au preſent Chapitre, aux termes de l'Arrêt du vingt-deuxiéme Septembre dernier. Fait au Définitoire de l'Etroite Obſervance le 9. Octobre 1718.

Ont été aprouvez pour Soûprieurs par les Définiteurs de l'Etroite Observance,

Dom Benoît Picard, D. Antoine Germont, D. Jean Medaille; D. Henry Bataillard, D. Guillaume Garnaud, D. Jacques Bouillet de Saint Lezer, D. Maurice Roman, D. Matthieu Baud, D. Matthieu Mailly, D. Edme Mugnier, D. Hugues Coppin, D. Jean Chaillot, D. Claude Bruyn, D. Antoine Delcher, D. François Pernot, D. Joseph Simon, D. Claude Bertrand Estiard, D. Charles Bouché, D. Claude Bollot, D. Claude Huguenet, D. Simon Barbée, D. François Gaudot, D. Claude Fretier, D. François Rollet, D. Gaspard Degeranton, D. Antoine Chardon, D. Pierre Fournier, D. Matthieu Fournier, D. Nicolas Forestier, D. Jean-Baptiste Claude René, D. Michel Teillot, D. Benoît Sarramia, D. Pierre Darmoy, D. Pierre Thevenot, D. Claude Balme, D. Pierre Geoffroy, D. Jean-Baptiste Dufaux, D. Philibert Uchard, D. François Bertrand, D. Jean Bouché, D. Lambert Florkin.

Ont été approuvez pour Maitres des Novices par les Définiteurs de l'Etroite Observance,

Dom Edoüard Pagnon, D. Jean-Baptiste Bazin, D. Edme Mugnier; D. Jean Chaillot, D. Charles Bouché, D. Matthieu Baud, D. Simon Barbée, D. Adrien le Duc, D. Pierre Fournier, D. Barthelemy Blanchet, D. Benoît Sarramia, D. François Rollet.

Professeurs approuvez,

Dom Charles Bouché, D. François Rollet, D. Lambert Florkin; D. Simon Barbée, D. Loüis-Philibert Martine, D. Alexandre Poyet, D Claude Taupin, D. Jean-Baptiste-Claude René, D. Philibert Uchard, D. Claude Balme, D. Pierre Geoffroy, D. Claude Huguenet.

Fait, lû & arrêté au Définitoire de l'Etroite Observance du Chapitre General de l'Ordre de Cluny, tenant au College dudit Cluny à Paris; en foy dequoi nous avons signé le present Procez verbal ce dixiéme Octobre mil sept cens vingt-huit.

Après la lecture duquel les Définiteurs de l'Ancienne Observance ont dit au sujet de l'Election des deux Assistans, du Superieur de la Reforme, Vicaire General de Monseigneur l'Abbé, que cet usage est nouveau, & que c'est sans approbation de leur part que cette Election est faite.

Son Eminence Monseigneur le Cardinal de Bissy a fait faire lecture d'une Lettre qui lui avoit été écrite de Fontainebleau le 27. Septembre dernier, signée MAUREPAS, dont la teneur s'ensuit.

MONSEIGNEUR,

Le Roy ayant décidé qu'il sera tenu un Chapitre General de l'Ordre de Cluny le troisiéme Dimanche d'après Pâques de l'année 1730, *Sa Majesté m'a ordonné d'écrire à Vôtre Eminence d'en avertir Messieurs les Commissaires, ainsi que l'Abbé & Religieux qui composent ledit Chapitre, de le convoquer au jour marqué par Sa Majesté. Je suis, MONSEIGNEUR, de V. E. très-humble & très-obéïssant Serviteur. Signé*, DE MAUREPAS.

Et en execution on a indiqué le Chapitre General prochain, au troisiéme Dimanche d'après Pâques de l'année 1730. pour être tenu dans l'Abbaye de Cluny.

Lecture faite du present Procez verbal, Nosseigneurs les Commissaires, après avoir donné Acte à Monseigneur l'Abbé & aux Définiteurs de l'une & l'autre Observance, de tous leurs dires & requisitions, se sont reservez de donner leur avis à Sa Majesté sur le contenu audit Procez verbal, & notamment sur ce qui peut interesser la Discipline du College de Cluny à Paris, les Reglemens qui doivent être faits pour l'administration des biens & revenus en dépendans, & les contestations concernant ledit College; ensemble sur l'Aggregation de l'Abbaye du Monestier Saint Chaffre audit Ordre de Cluny, & sur les moyens de parvenir à l'execution du Projet d'union des petites Communautez, pour former des Conventualitez de douze ou dix Religieux au moins, pour sur le rapport qui sera fait du tout à Sa Majesté, être par Elle ordonné ce qu'il appartiendra. Et a été le present Procez verbal clos & arrêté. FAIT au College de Cluny à Paris ce onze Octobre mil sept cens vingt-huit. Signé † HENRY, Arch. de Vienne, Abbé General de Cluny, le Cœur Définiteur, Raffin Définiteur, Daubourg Prieur de Saint Eutrope & Définiteur, Debordes Définiteur, Clereau Définiteur, Birre, Définiteur, de Berchere Définiteur, Dhauteville Définiteur Frere P. René Définiteur, F. J. Fricaud Définiteur, F. Xaxier Pochard Définiteur, F. J. Moraillon Définiteur, F. Etienne Sabatin Définiteur, F. Pierre Allard Définiteur, Hilaire Tripperet Définiteur; le Cardinal de BISSY, † LOUIS Arch. de Roüen, MABOUL, Birre Secretaire, F. Pierre Allard Secretaire.

CAPITULUM GENERALE

SACRI ORDINIS CLUNIACENSIS.

Anni Domini MDCCXXVIII.

ANNO Domini millesimo septingentesimo vigesimo octavo, die verò vigesimâ sextâ Septembris, Dominicâ decimâ nonâ post Pentecosten, celebratum fuit Capitulum Generale Sacri Ordinis Cluniacensis in Collegio Cluniacensi Parisiis, sine præjudicio tamen Juris Matricis Ecclesiæ Cluniacensis; idque jussû Regis Christianissimi, per Arrestum secretioris sui Consilii de die vigesimâ primâ Martii ultimo præteriti à Serenissimo & Reverendissimo Principe HENRICO OSVVALDO A TURRE ARVERNIÆ, Archiepiscopo Viennensi, & miseratione divinâ, & Sanctæ Sedis Apostolicæ gratiâ Abbate, Capite, Superiore Generali, & Administratore perpetuo Abbatiæ, totiusque Ordinis Cluniacensis convocatum, cui interfuerunt, virtute dicti Arresti, & etiam alterius Arresti Secretioris Consilii de die decimâ sextâ mensis currentis, Eminentissimus D. D. HENRICUS DE THIARD DE BISSY Cardinalis S. R. E. & Episcopus Meldensis, Regiorum Ordinum Commendator; Illustrissimus & Reverendissimus D. D. LUDOVICUS DE LA VERGNE DE TRESSAN Archiepiscopus Rothomagensis, & Clarissimus D. LUDOVICUS-FRANCISCUS MABOUL Regi à Consiliis, Libellorum Supplicum Magister. Factæ fuerunt Definitiones sequentes in Camerâ Definitorii Collegii Cluniacensis, præsidente eodem Reverendissimo Abbate.

Et primò ipsâ Dominicâ post celebratam solemni ritû, & in Pontificalibus Missam de Spiritû Sancto à Reverendissimo Abbate, cui interfuerunt Abbates, Priores, Decani, Administratores, aliique ad Capitula Generalia de jure aut more convenire soliti, unà cum toto Conventu Collegii Cluniacensis, in Capellam, loco Capituli, se se recepêre omnes; ibique sedentibus cunctis secundùm suum Ordinem, præsentibus Eminentissimo Cardinali de Bissy; Illustrissimo Archiepiscopo Rothomagensi, & Clarissimo Domino Maboul, Domnus Cæsar Josephus Birre Prior Claustralis & Camerarius de Cambonio Orationem Latinam habuit, cui respondit Reverendissimus D. D. Abbas aliâ Oratione Latinâ ad restituendam disciplinam, pacem & concordiam in Ordine. Quâ finitâ, Reverendi Definitores Capituli Generalis præcedentis per scribam dicti Capituli altâ & intelligibili voce vocati in dictam cameram Definitionum secesserunt, ubi, præsidente Reverendissimo Abbate, post fusas Deo preces solitas, coram dictis Missis Dominicis, Reverendi Definitores Antiquæ Observantiæ in suo Definitorio seorsim positi coram Reverendissimo Abbate, & in præsentiâ dictorum Missorum Dominicorum, & Reverendi Definitores Strictioris Observantiæ seorsim positi, & extrà præsentiam Reverendissimi Abbatis & Definitorum Antiquæ Observantiæ, in præsentiâ tamen Missorum Dominicorum elegerunt Definitores præsentis Capituli:

Electi autem & Deputati fuerunt autoritate Apostolicâ ii qui sequuntur.

PRO ANTIQUA OBSERVANTIA.

R. D. Le Cœur Prior Claustralis Sanctæ Margaritæ de Elincuriâ.

R. D. Pompeïus Raffin Doctor Theologus, Prior Claustralis de Valensoliis.

R. D. Daubourg Prior Titularis Sancti Eutropii Sanctonensis.

R. D. Deborde Prior Claustralis & Eleemosinarius Ambierlensis.

R. D. Cæsar Josephus Birre Prior Claustralis & Camerarius Sanctæ Valeriæ de Cambonio.

R. D. Clereau Prior Claustralis de Sezannâ.

R. D. Dautheville Prior Claustralis de Monasterio novo Pictaviensi.

R. D. L'Ecureau de Berchere Prior Claustralis de Boniaco.

PRO STRICTIORI OBSERVANTIA.

R. D. Petrus René Prior Claustralis Abbatiæ Cluniacensis.

R. D. Franciscus Xaverius Pochard Prior Claustralis Sancti Martini à Campis.

R. D. Joannes Moraillon Prior Claustralis de Celciniis.

R. D. Stephanus Sabbatin Prior Claustralis Sancti Stephani Nivernensis.

R. D. Petrus Allard Prior in titulum Sanctæ Crucis de Voltâ.

R. D. Joannes Fricaud Decanus de Moraco, & Prior Claustralis Sancti Marcelli Cabilonensis,

R. D. Joannes Hilarius Tripperet Decanus Abbatiæ Cluniacensis & Prior Claust. Sancti Dionysii de Carcere.

Qui quidem Definitores præstito coram Reverendissimo Abbate juramento præscripto in Bullâ Nicolai IV. seorsim positi ut suprà ; elegerunt Officiarios præsentis Capituli : fuerunt autem electi ii qui sequuntur.

SCRIBÆ CAPITULI.

R. D. Cæsar Josephus Birre Prior Claustralis & Camerarius Sanctæ Valeriæ de Cambonio.

R. D. Petrus Allard Prior in titulum Sanctæ Crucis de Volta.

AUDITORES CAUSARUM.

R. D. Joannes de Kessel Doctor Theologus Sacræ Facultatis Parisiensis Prior in titulum de Cariloco, Vic. Generalis Monialium.

R. D. de Geranton Prior Claustralis de Thincto.

R. D. Ludovicus Parent Prior claustralis de Longua villâ.

R. D. Ludovicus Matharel Prior in titulum de Corteniaco & Claustralis de Voltâ.

AUDITORES EXCUSATIONUM.

R. D. Petrus Paulus de Buissy du Maisnil, Prior in titulum de Sancto Gelasio & Prior claust. de Abbatisvillâ.

R.D. Franciscus Peschant Prior cl. Abbatiæ de Ageduno.

R. D. Josephus Deshaires Prior cl. de Coinciaco.

R. D. Claudius Baudinot Prior cl. de Crespeïo.

Et in communi Definitorio electus est;

PRÆSES CLAUSTRI.

R. D. Jacobus Charonier, Prior Claustralis Collegii Cluniacensis.

SEQUUNTUR DEFINITIONES FACTÆ à Definitoribus utriusque Observantiæ, præsidente Reverendissimo ac Serenissimo Abbate.

IMPRIMIS renovamus Decreta & Statuta Capitulorum Generalium annorum 1676. 1678. 1693. 1717. & 1725.

Ad solvendas lites & quæstiones vertentes circa interpretationem Arresti magni Consilii de die 30. Martii anni 1705. (cui Arresto de novo se subjiciunt tùm Definitores utriusque Observantiæ, tùm Reverendissimus Dom. Abbas) dicti utriusque Observantiæ Definitores definiunt & decernunt.

1°. Quod dictus Rev. D. D. Archiepiscopus Viennensis, Abbas Cluniacensis ab utrâque Observantiâ in Caput & Superiorem Generalem, & perpetuum Administratorem totius Ordinis agnoscetur.

2°. Recognoscunt pariter quòd eidem Rev. D. D. Abbati competat jus & possessio exercendi Jurisdictionem Spiritualem Regularem in toto Ordine, eo modo quem ordinaverunt tàm dictum Arrestum magni Consilii de die 30. Martii 1705. quàm Arrestum secretioris Regis Consilii de die 22. hujusce mensis Septembris cum modificationibus & restrictionibus insertis in dicto Arresto 1705. eâ tamen cautione quod virtute dicti Arresti 22. Septembris dictus Reverendissimus D. D. Abbas nova jura non possit sibi attribuere uti cautum est à Rege in dicto Arresto 22. Septembris.

3°. Superior Vicarius Generalis strictæ Observantiæ in omnibus actis quæ exercebit tamquam Superior Vicarius Generalis dictæ strictioris Observantiæ sic se intitulabit. Ego N.... Superior strictioris Observantiæ Vicarius Generalis Reverendissimi D. D. Abbatis pro dictâ Observantiâ.

4°. Nullum mandatum seu Ordinationem faciet nisi pro necessitatibus specialibus strictioris Observantiæ, & tunc illa seu illas faciet tamquàm Vicarius Generalis Reverendissimi D. D. Abbatis Cluniacensis.

5°. Confessarii Monialium Ordinis Domorum quæ immediatè Abbati Cluniacensi subjiciuntur, approbationem accipient à Reverendissimo D. D. Abbate aut ejus Vicariis Generalibus pro Monialibus.

6°. Religiosi tamen strictioris Observantiæ qui ad spiritualem directionem Monialium domûs Marciniaci deputabuntur, approbationem accipient à Capitulo Generali. Cessante verò Capitulo, à Superiore generali strictioris Observantiæ in hoc Vicario generali Reverendissimi D. D. Abbatis: Quòd vero spectat ad domum Monialium de Marsaco, servabitur quod ratum fuit in ultimo Capitulo Generali anni 1725. sine præjudicio juris Visitatorum & Vicariorum generalium pro Monialibus Confessarios extraordinarios ipsis Monialibus deputandi solitis temporibus.

7° Nullus liber ad usum Strictioris Observantiæ, aut publici juris factus à Religiosis Strictioris Observantiæ typis mandabitur, quin prius à Capitulo Generali approbatus fuerit, aut in *interim* à Vicario generali dictæ Observantiæ, tamquam Reverendissimi D. D. Abbatis Vicario generali : Ita tamen ut dicti Superioris Vicarii generalis approbatio dicti Reverendissimi D. D. Abbatis juribus & privilegiis, atque Antiquæ Observantiæ usibus nocere & præjudicare nequeat.

8°. Juxta Statuta Capituli Generalis anni 1676. ii quos Strictioris Observantiæ Superiores ad gradus in Universitatibus assumendos ex suis eligent, Capitulo Generali in Strictioris Observantiæ Definitorio designabuntur, legibusque & conditionibus ab iisdem Superioribus latis se se subjicere tenebuntur & conformare, salvis tamen iis quæ in Capitulo Generali anni 1725. Statuta sunt quoad modum mittendi Scholasticos Strictioris Observantiæ ad Collegium Cluniacense Parisiis.

9°. Renovantes quod à Capitulo Generali anni 1693. decretum est, & juxtà consuetudinem Ordinis Cluniacensis, Capitulum generale celebrabitur, virtute indictionis præcedentis Capituli, nisi Rex jusserit Capitulum aut differi aut anticipari, quo casu Reverendissimus D. D. Abbas in suo pro indictione Capituli mandato Regiæ jussionis mentionem faciet.

10°. Juxtà dispositionem Arresti anni 1705. Strictioris Observantiæ Religiosi in suo Definitorio & extrà Reverendissimi D. D. Abbatis præsentiam, qui dicto Definitorio adesse non poterit, atque sine Definitorum Antiquioris Observantiæ concursu, suos eligent novos Definitores, Superiorem Vicarium generalem, Superiores locales, Procuratorem generalem, cœterosque Officiarios, pro ut per dictum Arrestum anni 1705. decretum est : similiter in suo dicto Definitorio ea quæ ad dictæ Strictioris Observantiæ manutentionem pertinent, statuere poterunt ; nihil tamen quod Statutis communis Definitorii adversetur, poterunt decernere.

11°. Electiones supradictæ atque supradictæ Strictioris Observantiæ Ordinationes necessariò referentur inserenturque in Capituli Generalis definitionibus, ut autoritate dicti Capituli Generalis executioni mandentur.

12°. Quæcumque per dictum Arrestum anni 1705. quantùm ad Diætas intermedias Statuta sunt executioni provisoriè mandabuntur.

13°. Superiores omnes, Officiarii & Religiosi de novo electi, aut de loco ad locum missi tamquam Superiores se gerere non præsument, antequàm à Reverendissimo D. D. Abbate institutionem suam acceperint : Quam tamen institutionem neque denegare neque revocare poterit dictus Reverendissimus D. D. Abbas juxtà dictum anni 1705. Arrestum : Et ad hunc effectum statim post electiones factas in dictis Diætis mittetur rotulus omnium Officiariorum, & Superiorum qui electi fuerint in dictis Diætis Reverendissimo D. D. Abbati, signatus à præsidente & Secretario dictæ Diætæ.

14°. Nulli Religiosorum qui Strictam Observantiam Professi sunt aut in posterum profitebuntur licebit Reverendissimo Abbàti permittere ad Antiquam Observantiam transire ; sed hanc facultatem tenebuntur à Sanctâ Sede obtinere, quam tamen petere non poterunt, nisi priùs obtentâ in ſcriptis facultate à Superioribus majoribus dictæ Obſervantiæ, aut iis recuſantibus à Diætâ, vel ipsâ Diætâ abnuente, à Capitulo generali tunc proxime futuro : Servatis posteà Canonicis & ſolitis ſolemnitatibus.

Ut ſeſe Conſilii ſecretioris Arreſto anni 1727. diei vero 15. Octobris Definitores conformes præbeant, atque ad vitandas omnes quæ in poſterum poſſent moveri contentiones inter utramque Obſervantiam ſuper executione & interpretatione dicti Arreſti, Decreta ſunt quæ ſequuntur.

1°. Reformatam Obſervantiam recognoſcunt Definitores ſtabilitam & firmatam in Ordine Cluniacenſi ad formam Decretorum Capitulorum Generalium annorum 1676. 1678. & 1693. Bullis Apoſtolicis & Litteris Patentibus Regiis ubi opus fuit regiſtratis confirmatorum, & ſecundùm Arreſta magni Conſilii 30. die Martii 1705. & ſecretioris Regis Conſilii 25. Novembris anni 1724.

2°. Omnia Monaſteria in quæ uſque ad Regiam Declarationem anni 1671. introducti & in quibus ſtabiliti fuêre Strictioris Obſervantiæ Religioſi pacificè poſſidebunt : quoad verò Monaſteria quæ occupare poſt dictam Regiam Declarationem tentarunt, ſcilicet Monaſteria de Longo-ponte, ſancti Nicolai de Aſſiaco, de Longâ-villâ, de Leraco, de Marciniaco, ſancti Lizerii, Monaſterii-novi Pictavienſis, ſancti Marcelli de Sozeto, de Carenaco, de Medezino, de Cariloco & de Cortenaïo, ad Strictiorem Obſervantiam pertinebunt Monaſteria de Longo-ponte, ſancti Nicolai de Aſſiaco, de Longâ-villâ, de Leraco, de Marciniaco & ſancti Lizerii. Ad Antiquam verò Obſervantiam pertinebunt Monaſteria Monaſterii-novi Pictavienſis, ſancti Marcelli de Sozeto, de Carennaco, de Medezino & de Cariloco ; & quæcumque aliæ Domus Ordinis, exceptis Domibus ſupradictis Reformatæ Obſervantiæ conceſſis, & exceptâ Domo de Cortenaïo, ſuper quam Rex ſibi decernere reſervavit.

3°. Strictioris Obſervantiæ Religioſis ſub quocumque prætextû, etiam ſub Officiorum Clauſtralium obtentu ſeſe in Monaſteria Antiquioris Obſervantiæ introducere non licebit ; ſimiliterque non licebit Antiquioris Obſervantiæ Religioſis ſeſe in Monaſteria Strictioris Obſervantiæ per dicta Arreſta conceſſa introducere ſub quolibet, etiam Officiorum Clauſtralium prætextu.

4°. Utriuſque Obſervantiæ Religioſi in Monaſteria Obſervantiæ ſuæ ſibi deſignata quamprimùm ſe recipient, niſi jam ſe receperint : videlicet Antiquioris Obſervantiæ Religioſi ſub obedientiâ Reverendiſſimi D. D. Abbatis ; & Strictioris Obſervantiæ Religioſi ſub obedientiâ Superioris Vicarii Generalis Reverendiſſimi D. D. Abbatis pro Strictiori Obſervantiâ. Iique nullam Præbendam ſeu Manſionem in Monaſteriis à quibus ſeceſſerint prætendere poterunt. Quod verò ad Officia Clauſtralia ſpectat, dictorum Officiorum Titulares per ſuam vitam tantùm redditibus talium Officiorum gaudebunt : ſed ex nunc & deinceps utriuſque Obſervantiæ Religioſis non licebit Officia Clauſtralia obtinere & poſſidere, niſi in Domibus Obſervantiæ ſuæ : Abbatiam tamen Cluniacenſem excipimus ; in eâ ſcilicet Officia Clauſtralia ab Antiquioris & Strictioris Obſervantiæ Religioſis haberi & poſſideri æqualiter poterunt, ita tamen ut Antiquioris Obſervantiæ Religioſi quos hujuſmodi Officia Clauſtralia habere & possidere contigerit, quandiu in dictâ Abbatiâ Cluniacensi degerint, se iis quæ in Capitulo generali anni 1678. decreta sunt, conforment.

Renovamus Decretum Capituli 1693. quod sequitur.

Nullus etiam in Ordine quocumque, etiam Sancti Benedicti expressè jam professus, & provisus à Sanctâ sede Apostolica, vel à Collatoribus Ordinariis de Beneficiis, aut Officiis Claustralibus Ordinis Cluniacensis, admittatur in Ordine nostro vigore præfatarum provisionum, nisi velit priùs in Novitiatibus Ordinis ut in primo articulo ordinatum est, novam probationem inchoare, & perficere, & anno elapso subjici examini Conventûs Monachorum Monasterii in quo Novitiatum compleverit, ut in primo articulo sancitum est. Et si contigerit à Capitulo, suffragiis & votis majoris partis capacem, & idoneum non reperiri, tunc secedere ab ordine teneatur, & Beneficia seu officia cedere infrà sex menses à die repudiationis, ejus ipsi intimandæ computandos, alioquin præfato termino elapso vacare prædicta Beneficia, & Officia censeantur.

Item quod sequitur.

Idem omninò statutum est circa illos, qui sub spe, aut sæpius prætextu melioris frugis ineundæ & regularis disciplinæ amplectendæ voto, provisiones Beneficiorum Regularium, aut Officiorum Claustralium Ordinis Cluniacensis obtinent, cum decreto habitum regularem suscipiendi, quos vulgò vocant cupientes profiteri; *qui omninò non admittantur, nisi secundùm formam superiùs prænotatam, & præscriptam; & si capaces & idonei reperti non fuerint, tunc Beneficiis & Officiis suis cedere debeant infra terminum supra determinatum, alioquin vacare censeantur.*

Item quod sequitur.

Quia compertum est divinum cultum vix posse observari, & divinum officium celebrari, neque etiam observantiam Regularem facile posse manuteneri in Monasteriis in quibus sufficiens numerus Monachorum non est; statutum & ordinatum fuit, in quâlibet Provinciâ, certa Monasteria eligenda pro opportunitate sitûs & ædificiorum, in quibus stabiliatur numerus decem, aut ad minus octo Monachorum. Et si reditus, proventus & obventiones Monasteriorum sic delectorum non valeant sufficere ad talem numerum sustentandum, tunc augeantur, vel per unionem, & suppressionem Sacristiarum; cæterorumque Officiorum Claustralium aliorum Monasteriorum aut Prioratuum; & si illud commode fieri non potest, saltem per translationem eorumdem Officiariorum; & per applicationem, & incorporationem portionum, aut Mensarum Monachalium; & quia ad divini cultûs augmentum, & certum numerum Monachorum alen-

dum, quilibet, & singuli Priores Ordinis ex primævâ eorumdem Prioratuum fundatione, seu erectione tenentur: & cùm nulla possit adversus Deum & Leges fundationi addictas præscriptio apponi, visum est certas regulas statuendas, sub quibus hujusmodi applicatio Mensarum, & unio Officiorum possit fieri. Ideò statutum est nihil omninò à Prioratibus & Monasteriis ejusdem Ordinis sub nomine Portionum Monachalium exigendum, in quibus actu, & de facto, & à quadraginta annis ampliùs, & retrò nulla Mensa, aut Portio Monachalis præstita est, & quorum insuper reditus, proventus, jura & obventiones deductis oneribus realibus, non ascendent ad summam mille & ducentarum librarum. Quoad verò cæteros Prioratus, & Monasteria Ordinis, subjicientur contributioni eorumdem Portionum Monachalium, eâ tamen Lege, ut semper salva & illæsa remaneat apud eosdem Priores, qui ejusmodi contributioni, ut supra ordinatum fuit, subjecti non fuerunt, prædictâ summa mille ducentarum librarum, nec possint ultrà tertiam partem redituum Mensæ Monachorum destinatum gravari, &c. Et loco horum verborum: *in quibus stabiliatur numerus decem, aut ad minus octo Monachorum, sufficientur* hæc verba: *in quibus stabiliatur numerus duodecim aut ad minùs decem Monachorum.*

Item quod sequitur.

Imposterum Monachis in Monasteriis particularibus degentibus Pensiones personaliter non solventur, sed reditus omnes qui ipsis à Prioribus pro sustentatione erogantur, vel de Mensâ ad eos spectante quoquomodo proveniunt, in communi reponentur per Cellerarium aut Procuratorem in Capitulo à Conventu eligendum, ministrandi ad necessariam in vitâ communi sustentationem Monachorum. Decernimus quoque quod pro vestiario, loco pecuniæ, vestes, aliæque res necessariæ Superioris Paternâ providentis authoritate, per eundem Cellerarium aut Procuratorem deinceps subministrentur omnibus, tantùmque in iis rebus quotannis pro Superioris providentiâ impendatur, quantùm singulis Monachis numeratâ pecuniâ præberi consuetum fuerat: mandantes item, ut quæcumque perniciosè aliquid sibi tamquàm suum, sibique proprium habendi, cupiditati favere visa erunt, omni studio penitùs resecentur: Cellerarius autem aut Procurator quoties libuerit Conventui aut ad minus quolibet anno, & sine ullâ morâ receptorum, & expensarum rationem coram Priore, & Monachis ad id à Conventu deputatis reddere exactè, & fideliter tenebitur.

Item quod sequitur.

In iis Monasteriis, in quibus Officiarii Claustrales, aliive Be-

neficia in titulum habentes, consueverunt suorum Officiorum aut Beneficiorum proventus administrare, talem administrationem non exercebunt, nisi cum onere, & debito reddendi rationem quot annis, saltem Superioribus suis, de usu eorumdem proventuum prædictorum Officiorum aut Beneficiorum, in exequendis debitis oneribus, eleemosinis largiendis, & aliis impensis faciendis.

Item quod sequitur.

Cùm nihil vitæ Monasticæ conformiùs, & magis ad conservandum paupertatis religiosæ spiritum necessarium, quàm vita communis, ordinamus talem vitam in omnibus omninò Monasteriis instituendam ubi non est, omnesque reditus in communi reponendos; si tamen ut fieri potest propter locorum dispositionem, aliquibus in Monasteriis, ob proventuum diminutionem, statutum hoc nequiret servari, quantùm fieri potest, loca in eum statum restituentur, ut observetur. Cui hæc addetur clausula : *Depositionis pœna à Capitulo 1717. in infractores lata comminatoria censeri non poterit, omnesque & singuli Priores Claustrales ad Capitulum proximè futurum referre tenebuntur Litteras quibus Visitatores seu Vicarii generales testentur vitam communem in eorum Monasteriis stabilitam esse & firmatam.*

Item quod sequitur.

Nullus sive Religiosus, sive sæcularis poterit Novitiatum inchoare, & perficere, nisi in Monasteriis ad id specialiter à Capitulo generali designatis, in quibus delecti ad loca, seu ad Mansiones Monachales, vel de Beneficiis, aut Officiis claustralibus provisi, sub Litteris authenticis Sigillo Conventùs munitis, aut in casu negligentiæ Abbatis Cluniacensis ad probationem recipientur, & habitu regulari per Priorem Monasterii induentur, annoque Novitiatùs expleto, ut supra statutum est, ad Professionem Monasticam admittentur, secundùm Statuta.

Item. *Cùm ex Novitiorum bonâ institutione dependeat totius vitæ sequentis perfectio, ordinamus quod deinceps Novitii post annum probationis, duos insuper annos in exercitiis regularibus transigent in eodem Monasterio, in quo annum Novitiatùs expleverint, antequam ad Collegia studiorum causâ mittantur.*

Item quod sequitur.

Professio Religiosa deinceps in toto Ordine pro singulis Monasteriis emittetur sub obedientiâ Superiorum, à quorum obedientiâ sub eo prætextu sese substrahere non poterunt, sed Superioribus majoribus, aut Visitatoribus sine contradictione obtemperabunt: cùm ipsis utile, aut necessarium visum fuerit eos mittere in alia Monasteria

in

in eadem Provinciâ, aut etiam extrà eamdem Provinciam, cùm Abbates Cluniacenses, aut Capitula generalia sic duxerint de iis disponendum.

Super quod statutum est ut sequitur. VISO supradicto Decreto Capituli Generalis quod incipit, *Professio Religiosa*, inquisierunt Definitores quâ ratione Decretum illud executioni mandaretur in utrâque Observantia? Responderunt Antiquæ Observantiæ Definitores suos Monachos profiteri stabilitatem pro uno Monasterio secundùm veterem usum Ordinis; Definitores vere Strictioris Observantiæ dixerunt suos profiteri stabilitatem in Ordine & Observantiâ, quod exprimunt his verbis: Sub Ordine Cluniacensi: & hanc Formulam profitendi asseruerunt consimilem esse antiquioribus Ordinis usibus & Statutis, quæ scilicet temporibus SS. Odilonis, Hugonis, & Petri Venerabilis Abbatum Cluniacensium vigebant. Quibus diligenter perpensis & attento SS. Patrum nostrorum vulgari effato, *Ordo Cluniacensis unum Monasterium*, visum est utramque profitendi Formulam in utraque Observantiâ respectivè conservandam esse secundùm utriusque Observantiæ laudabilem usum, quorum neuter supradicto Decreto, *Professio Religiosa*, contrarius reperitur; imò post diligens examen uterque usus & in sensu similis & antiquis consuetudinibus conformis, & tandem ad utriusque Observantiæ conservationem & augmentum plurimùm conducere visus est. Decretum autem supradictum quoad Obedientiam debitam Superioribus ab omnibus Religiosis ad litteram observabitur.

Item quod sequitur.

Decretum est ne deinceps aliud Juramentum à profitentibus in suâ professione pronontietur, nisi quod ab Eminentissimo Domino Cardinale nunc Abbate fuerit approbatum, & signo suo, seu chirographo munitum; ita tamen, ut hujusmodi Juramentum Sacris Canonibus Apostolicis, Ordinis Cluniacensis Constitutionibus, & Sacri Concilii Tridentini Decretis nullatenùs adverseтur.

Super quod Statutum est, quod Juramentum, quod emittere solent post professionem suam Strictioris Observantiæ Religiosi, Definitores autoritate Apostolicâ quâ in hoc Capitulo funguntur approbant secundùm formulam inferiùs descriptam; illudque modo qui sequitur præstabunt. Et Definitores Strictioris Observantiæ expressis verbis declararunt nunquam sibi suæque Observantiæ Religiosis in animo fuisse nec esse hoc Juramento immunes & solutos esse à Reverentiâ & Obedientiâ debitâ Reverendissimis Abbatibus Cluniacensibus, tùm in Regularibus, tùm in commendam Canonicè postularis.

FORMA JURAMENTI.

IN NOMINE DOMINI JESU CHRISTI, Amen. Ne aliqua ambiguitas ex Professionis meæ verbis suboriatur per istam clausulam, sub Ordine Cluniacensi, intelligo quod in posterum vitam meam & mores meos instituam secundùm Re-

gulam S. Patris nostri Benedicti, pro ut dicta Regula nunc observatur in Sacrâ Abbatiâ Cluniacensi à Patribus Strictæ Observantiæ: Quod etiam nullum Officium Ecclesiasticum, Abbatiam, Prioratum, præposituram, administrationis regimen, aut nullum dignitatis gradum mihi conferri curabo directe vel indirecte, per me aut per alium procurari permittam, nec oblatum suscipiam, sine superiorum meorum licentiâ, & quod nullius unquam superioritatis, administrationis aut commissionis mihi concessæ prolongationem aut perpetuitatem directe vel indirecte mihi procurari curabo aut permittam contra voluntatem Superiorum meorum: Insuper quod de fructibus quorum-libet Beneficiorum, vel Claustralium Officiorum vel Pensionum quarumque non disponam, sed omnimodam eorum fructuum dispositionem penes Monasterium Strictæ Observantiæ in communem tantùm usum relinquam.

Juro etiam quod numquam consentiam ut aliquis in Monachum Strictæ Observantiæ admittatur aut incorporetur, aut ad aliquem superioritatis gradum, videlicet Vicarii Generalis, Visitatoris, Prioris regimen Monachorum in dictâ Observantiâ habentis, assumatur, nisi anno novitiatûs expleto, & constiterit de ipsius voluntate & desiderio vivendi secundùm præfatam Observantiam, & hoc præsens Juramentum præstandi & observandi: In quorum fidem hoc Juramentum solemne meâ manu scriptum & subsignatum in hoc Monasterio N... Urbis N... Diœcesis N.... libere & sponte præstiti & pronuntiavi die & anno N.... ita me Deus adjuvet & hæc sancta ejus Evangelia.

Lectis omnibus Capitulorum 1693. 1725. Decretis, advertimus quod præter novem, Decreta quorum executio specialiter à Regiâ Majestate jussa est, reperiuntur alia quorum executioni non satis attenditur, quamquam disciplinæ manutentioni pernecessaria nobis visa sint: unde decrevimus quæ sequuntur.

Renovamus quod sequitur: *Statutum est ne deinceps ulli Monachi professi in aliis quibusve Ordinibus regularibus, nullive Religiosi mendicantes admittantur, seu recipiantur in Monasteriis Ordinis Cluniacensis, nisi priùs de suorum Superiorum consensu, Sedis Apostolicæ licentiâ necnon & de consensu Abbatis Cluniacensis per legitima documenta appareat, & nisi benevolos receptores in uno è Monasteriis Ordinis nostri invenerint; eâque lege & de novo in uno è Conventibus ad novitiatum cæterorum in Ordine admissorum designatis, annum probationis cum effectu compleant, nec admittantur ad professionem regularem in Ordine Cluniacensi emittendam de licentiâ Abbatis Cluniacensis secundùm Statuta Ordinis, nisi à Monachis ejusdem conventûs in quo novitiatum expleverint Capitulariter congregatis, viâ Scrutinii secreti, & saltem à majori parte Capituli capaces, & idonei fuerint judicati.*

Item quod sequitur : *Nullus deinceps Abbas, aut Prior Commendatarius se intromittat de suscipiendis Monachis, sed secundùm Regulam S. Patris Benedicti deligantur, & probentur à Monachis ejusdem conventûs in quo recipi debent. Nec liceat ejusmodi Abbatibus, vel Prioribus Commendatariis disponere de Mansionibus, locis, seu portionibus Monachalibus, sed earum dispositio, prout jam sancitum est in Capitulo Generali anni 1676. pertineat ad Conventum & Monachos ejusdem Monasterii, qui quidem personam idoneam deligere tenebuntur infrà sex menses à die vocationis computandos, & ad unum è novitiatibus mittere sic delectos, habitu regulari per Priorem loci induendos, infrà idem tempus; alioquin ne numerus Monachorum minuatur, de eis providebitur per Abbatem Cluniacensem quod observandum censuimus nonobstante quocumque pacto, conventione, aut consuetudine in contrarium, quæ potiùs corruptela quàm consuetudo nominanda est.*

Item.... *Prohibitum est ne inposterum ad Capitula Generalia à conventibus deputentur & mittantur Monachi, quos vocant conventuales, nisi iis casibus qui tanti sint momenti, ut Vicarii generales, aut Visitatores sic ordinandum duxerint.*

Item.... *Omnes Priores Claustrales*, cum hoc addito, utriusque Observantiæ *in Capitulis Generalibus aut conservabuntur, aut destituentur, prout Definitores judicaverint eos debere aut conservari, aut destitui. Et si aliqui stare judicio Definitorum renuerint, Eminentissimi Abbatis qui nunc est, aut successorum Abbatum interpositâ autoritate, tali se judicio subjicere compellentur.*

Item.... *Licet in præcedentibus Capitulis Generalibus sancitum fuerit inter Monachos Ordinis, pacis & concordiæ causâ, omnes lites amputandas, ideoque statutum fuerit, ubi aliqua lis, vel contentio oriretur inter Monachos vel Monasteria, amicabili compositione virorum prudentum terminandas, experientia docuit sæpe Monachos nolle Statutis Ordinis pro eorum utilitate sanctè institutis deferre & plerumque vagandi animo, atque à Monasteriis recedendi studio, lites confingere, idcirco placuit renovari ea quæ jam salubriter ordinata sunt, ac statutum est omnes controversias inter Monachos judicio Visitatorum Ordinis esse terminandas; & si quis sibi gravamen factum conqueratur, à Visitatoribus, tunc recurret ad Abbatem Cluniacensem, qui viros delectos religiosos cum jurisperitis, si ei libuerit, eliget, qui lites hujusmodi dirimant, quorum judicio acquiescent.* Cui hæc addetur clausula, post hæc verba, *tunc recurret ad Abbatem :* addendum est *vel ejus Vicarios generales pro quàlibet Observantià respectivè.*

Item.... *Insuper nullus Prior aut Procurator Monasterii ullam litem instruet, & defendet, nisi priùs Visitatori Provinciæ memoriale ejusdem mittat, ut de eo consulat, ut, si ipsi videbitur, ejusmodi litem ulteriùs prosequendi det licentiam. Quod si negotium debeat referri ad Superiores curias, & sit alicujus momenti, tunc Visitator curabit ut memoriale ipsi à Monachis porrectum disquiratur in Consilio Jurisperitorum ab Abbate Cluniacensi delectorum. Et ut litium expensis parcatur, has tunc lites prosequetur Procurator generalis Ordinis, & expensæ litis ipsi à Monasteriis restituentur, nec licebit Priori sub prætextu ejusmodi litium, aut à Monasterio abesse, aut alium Monachum deputare, sine speciali veniâ Abbatis Cluniacensis, aut Superiorum majorum Ordinis.*

Quod si duobus supradictis Decretis aliquem renuere contigerit; Procurator deponatur, & Prior à Visitatoribus in visitationum decursu suspendatur.

Item... *Nullus in Monasteriis & Prioratibus sub quocumque prætextu pateat ingressus mulieribus, & ideò loca regularia undequaque claudantur, nec sit nisi unum ostium, per quod in eo detur accessus; & si aliquæ portæ in hortis, aut aliis locis pro commoditate rerum Monasterii sint, non aperiantur, nisi in casu necessitatis, & claves semper in cellà Prioris reponantur.*

Item... *Non sine magno cordis dolore comperimus multos tonsuram adeò negligere, ut suppositītios crines deferant, cui malo ut occurramus, artificiosas cæsaries, quas contra decentiam Monasticam esse nemo non dubitat, penitus omnibus in posterum inhibemus:* Cui addendum *sine licentià Reverendissimi D. D. Abbatis aut Vicariorum ejus.*

Item... *Renovando Statuta Ordinis juxtà Canonum Decreta condita, prohibemus omnibus armorum gestionem sub pœnis Juris, & eorumdem detentionem sine licentià, & prohibemus etiàm venationes aleas, sub pœnis à Canonibus, & Statutis Ordinis, præcipuè Capituli anni millesimi quadragentesimi-quinquagesimi octavi, latis.*

Item ex Capitulo 1725. renovatum est Decretum quod sequitur. *Cum nobis relatum sit aliquos ex nostris Sacerdotibus utriusque Observantiæ Sacrum Missæ Canonem altà voce proferre, omnibus & singulis districtè injungimus ut Missalis rubricis se conforment, & quæ submissà voce, & quæ altiori in Missà pronuntiari debent, ità in celebrando Sacro-Sancto Sacrificio recitent.*

Item ex Capitulo 1717. renovatum est Decretum quod sequitur: *Et cùm sancta & salubris sit cogitatio pro Defunctis exorare, ut à peccatis solvantur: statutum est ut post auditum alterutrius Observantiæ Monachi obitum, Religiosi utriusque Observantiæ Missam Conventualem pro Defuncti solatio decantent; singuli Sacerdotes Missam privatam semel celebrent: & qui Sacerdotes non sunt, semel Officium Defunctorum recitent; quod etiam volumus observari pro Fratribus nostris Strictioris Observantiæ Comitatûs Burgundiæ, quorum nomina inscribentur quoque in Necrologio: quod ut fideliter adimpleatur, curabunt Procuratores generales utriusque Observantiæ sibi invicem intimare obitum Monachorum....* Cui addendum censuimus: *Moniales apud quos non nisi unica Missa celebratur, curabunt unam Collectam pro defuncto vel defunctâ recitari: ipsæque pro dictis defuncto vel defunctâ Officium Defunctorum recitabunt, & semel ad minus ad sacram Senaxim pro quocumque defuncto, vel quâcumque defunctâ accedent.*

Sacræ Hostiæ quæ in Pixide reservari solent saltem semel in hebdomadâ renovabuntur, atque præsentis decreti in directorio mentio fiet; eâque die quâ fiet hujusmodi renovatio, secunda Missæ Collecta erit de Sanctissimo Sacramento.

Moniales vitam communem & clausuram regularem religiosè observabunt, nec illis licebit sub quocumque prætextu ab iis regulis discedere, donec Visitatores Monialium speciatim & in particulari de his ordinaverint.

Cùm ad nos pervenerit plurimos D. D. Episcopos in quorum Diœcesibus sita est Abbatia sancti Theofredi de Monasterio, vulgò *Monestier S. Chaffre*, ejusque membra seu dependentiæ Jurisdictionem dictarum Abbatiæ & dependentiarum ejus sibi arrogare prætendunt, dato sibi prætextu ex contentionibus quibusdam inter dictas Abbatiam & dependentias ejus, cæterumque Ordinem Cluniacensem ortis: verentes aliunde ne dictæ Abbatiæ & dependentiarum ejus Religiosi ex dictis contentionibus occasionem sumant sese deliberationi instituendorum Monasteriorum decem saltem aut duodecim Monachorum opponendi, insuper & abjiciendi hujus Capituli Decreta, aliorumque Capitulorum, præsertim Capituli 1693. unanimiter à Definitoribus Regiæ Majestati supplicatum est per Serenissimum Archiepiscopum Viennensem, Abbatem nostrum Reverendissimum, ut pro suâ antiquâ in Ordinem Cluniacensem Regiâ beneficentiâ dictam Abbatiam & dependentias ejus Jurisdictioni Cluniacensi substrahi non sinat; jubeatque dictos Monachos supradictis Statutis Ordinis Cluniacensis subjici, quippe qui & ipsi sint Cluniacenses.

Missale Cluniacense à Doctissimo & Reverendissimo Patre le Brun, Oratorii Jesu Presbytero approbatum, Typis quamprimùm mandabitur.

Itidemque Processionale, Ceremoniale & Rituale R. D. de Buissy de Maisnil, R. D. Châtelus & duorum Procuratorum generalium examini subjicientur: iique de dictis Processionali, &c. censuram suam ad Reverendissimum D. D. Abbatem referent, cujus authoritate dictis Processionale, &c. publici juris fient.

Visâ Supplicatione Religiosorum Comitatûs Burgundiæ ad obtinendam homologationem unionis Prioratûs Tirebracensis Prioratui de Valleclusâ olim ab Eminentissimo Cardinali de Bullonio factæ, dicta unio approbata est, eamque homologari decretum.

Super quærimonia ab Auditoribus causarum ad nos delata super eo quod Abbatia Figiacensis sæcularisata, sæcularisationis suæ conditionibus ab anno 1678. nusquàm fecit satis, quamquàm indictiones Capitulorum ad eam toties quoties fuerint transmissæ, Procuratoribus generalibus eos ad dictas conditiones implendas per omnem de jure rationem cogere injunctum est.

Super eo quod Religiosi Reformati de Layraco supplicaverunt de pensionibus D. Goze & D. Capot, ordinatum est quod pensio dicti D. Goze ipsiusque ad vigesimam sextam Februarii ultimò elapsi solvetur, & quod D. Capot ad eam nullum jus habet: prætensiones verò dicti D. Coullon etiàm quoad expensas Tolosæ ab ipso factas, rejectæ sunt.

De supplicatione D. Charonier super cameræ suæ augmento, ordinabit Serenissimus Abbas.

Super Libello supplici R. D. Bugnan, Prioris majoris sancti Regniberti, pro unione Prioratûs de Chamon Prioratui *de Bellevaux*, Serenissimus Abbas Commissarios, qui de commodo & incommodo inquirant, designabit.

Definitores, Librum, cui titulus est, *Statuta & Consuetudines Ordinis Cluniacensis*, cum Constitutionibus pro Regulari seu Strictâ Observantiâ, in duas partes distributa; quantùm ad primam partem quæ regimen spectat duorum utriusque Observantiæ Procuratorum generalium examini subjecerunt; iique rem ad Serenissimum Abbatem referent, ut si quid difficultatis ortum sit, dictus Serenissimus Abbas Religiosos cujusque Observantiæ numero pares designet ad hujusmodi solvendas difficultates coram dicto Serenissimo Abbate: quod verò à dictis designatis & nominatis probatum fuerit, vim habebit decreti usque ad Capitulum generale proximè futurum.

Omnibus & singulis visitatoribus mandatum est ut visitationum suarum processus verbales referant, eosque Auditoribus causarum Definitorii Capituli proximè futuri deponant.

Cùm Ordo Cluniacensis viginti quatuor Abbatias seu Monasteria Prioratuum insignium habeat in Hispaniâ, quæ à Jurisdictione Ordinis occasione bellorum inter Regna Galliæ & Hispaniæ se substraxerunt, Definitores supplicant Reverendissimum D. D. Abbatem ut intercedat apud Eminentissimum Cardinalem de Fleury, quatenùs suâ Eminentiâ pro suo ergà Cluniacensem Ordinem favore & protectione, dignetur agere in Congressu Suessionensi, ut dicta Hispaniæ Monasteria ad debitam Ordini Cluniacensi obedientiam revertantur.

Quia nobis discessuris remanent res quædam quibus non potuit provideri propter multitudinem nogotiorum quæ nobis in præsenti Capitulo incubuerunt, quatuor ex nobis in hoc Collegio octo diebus post Capitulum remansuris, Reverendis Pompeïo Raffin, Jacobo Clereau, Petro Allard, & Francisco-Xaverio Pochard, ut illis definitivè provideant quæ in processu verbali continentur, ne quid ruat in pejus, omnimodam potestatem nobis concessam tradimus & committimus, & ab iis sancita post acta Capituli generalis transcribentur.

Utriusquæ Observantiæ Definitores inania, irrita & nullius roboris censuêre & statuêre omnes consessus, processus verbales & acta ab iis facta, durante Capitulo, extra commune Definitorium & Definitoria utriusquæ Observantiæ, sicut ab anteà & post, quæ forent contraria & dissentientia ab iis, quæ in præsenti Capitulo sancita sunt.

Si qui intervenerint in præsenti Capitulo formalitatum defectus, super his, eâ quâ fungimur authoritate plenè dispensamus.

Jussu Regis juxta epistolam ad Eminentissimum D. D. Cardinalem de Bissy directam de die 27. Septembris 1728. definiunt utriusque Observantiæ Definitores celebrandum proximum generale Capitulum Dominicâ in quâ cantatur in Ecclesia Dei pro introitu Missæ, *Jubilate*, anno Domini 1730. in Abbatiâ Cluniacensi.

SEQUUNTUR DEFINITIONES FACTÆ à Definitoribus Antiquæ Observantiæ in Camerâ Definitorii, præsidente Serenissimo ac Reverendissimo Abbate, quæ lectæ & relatæ sunt in communi Definitorio.

IMprimis renovamus Statuta Capitulorum generalium 1676. 1678. 1693. & 1725.

Quæ Statuta sunt in Definitorio generali circa Jurisdictionem Reverendissimi ac Serenissimi Abbatis non solùm complectimur, sed datâ nobis occasione testandi sensus nostros obedientiæ, reverentiæ & gratitudinis, ex intimo corde renovamus quæ à Patribus nostris dicta sunt in Capitulo generali 1565. Nos qui in toto Ordine unum Abbatem Cluniacensem in Superiorem habemus & recognoscimus, cui tamquàm Membra Capiti obedientiam præstamus, inter cujus manus expressam facimus professionem, illum tamquàm Patrem, Pastorem atque Episcopum nostrum agnoscimus & esse profitemur.

Visâ Supplicatione D. de Kessel, Prioris in titulum de Cariloco, ipsâ per D. de Gerauton relatâ; postquàm dictus D. de Kessel, Auditor causarum Definitorii Camerâ excessit, attento Religiosorum parciori numero, & quod ex iis duo Fratres sint, tertiusque eorum Germanus, statutum est quod quotiescumque dicti duo Fratres in Capitulo idem sentient, eorum suffragia non computabuntur, sed prò unico tantùm habebuntur.

Super Supplicatione Præbendariorum de Lezatto, visâ ultimi Capituli generalis Sententiâ, decretum est quod dictæ Sententiæ dicti Præbendarii se se subjicere tenebuntur, ad quod eos, si opus fuerit, Procurator generalis cogere curabit.

Renovatum est Decretum Capituli 1725. quod sequitur. *Item innovamus Decreta præcedentium Capitulorum, quibus prohibetur Religiosis, ne à Monasteriis suæ residentiæ abesse ausint, absque Superiorum licentiâ in scriptis obtentâ; in quibus Decretis si defuerint, privatione Mensæ punientur à Visitatoribus aut Vicariis generalibus Provinciæ, habitâ ratione temporis absentiæ, & causæ inobedientiæ.* Illique additum: Quod redeunte dicti Decreti infractore, Prior Claustralis ei pro suâ prudentiâ & charitate pœnitentiam imponet; & insuper dictus infractor tàm passivâ quàm activâ voce ad annum privabitur.

Et quoniam alia multa possunt contingere quæ prudentiam omnem, omnemque cautionem superant, Reverendissimo Abbati, ut iis providere dignetur, humiliter supplicatum est.

Ut sit unicuique faciliùs dignoscere & accuratè observare quod sibi vel agendum vel vitandum incumbat, supplicaverunt Definitores Serenissimum Abbatem ut dignetur seligere quos voluerit viros in Regula sancti Benedicti; & Constitutionibus Ordinis peritos qui, Constitutiones & Ordinationes, Statuta & Decreta in Diplomatibus summorum Pontificum, & Decretis generalium Capitulorum comprehensa seligant, & prudenti Ordine redigant, ut opus ad proximum Capitulum generale delatum approbetur.

Cùm per R. D. Gayot, Priorem Claustralem Prioratûs sancti Saturnini de Portu nobis compertum fuerit, duas actu vacare Mansiones in dicto Prioratu, statutum est quod dictis Mansionibus Reverendissimus D. D. Abbas providebit.

SEQUUNTUR DEFINITIONES FACTÆ à Definitoribus Strictioris Observantiæ pro suâ Observantiâ seorsim, & extrà præsentiam Reverendissimi Abbatis, lectæ & relatæ in Definitorio Communi.

IMprimis approbamus & rata habemus decreta Dietæ anni 1726. mandantes locorum Superioribus ut eorum executioni invigilent.

Cùm Officium divinum præcipuum sit servitutis nostræ pensum, non sine dolore, auditâ Visitatorum relatione comperimus in nonnullis Monasteriis Religiosos in eo persolvendo satis negligenter se habere; quapropter hortamur in Domino omnes Superiores, & nihilominùs eis injungimus, ut sedulò circa illud invigilent, denique curam ut ad Vigilias surgatur horâ per Regulam constitutâ, & ut Fratres Orationi mentali vacent per dimidium saltem horæ ante horam sextam matutinam; quod si Visitatores in decursu suarum visitationum repererint hujusmodi exercitia horis constitutis ex negligentiâ Superiorum non adimpleri, injungant eis ut coram Conventu, præsentibus Visitatoribus, culpam dicant, imponantque pœnitentiam regularem; & si non se emendaverint, suspendant eos ab ipsorum Officio saltem per octo dies.

Quoniam

42

Quoniam juniores Religiosi humaniorum litterarum plerùmque expertes, aut saltem nondum in eis satis exculti non nisi difficilè ad Philosophiam aliasque Scientias superiores se conferre valent, statuimus ut transacto post professionem anno, provideatur eis de Magistro qui quotidianam eis faciat Humaniorum litterarum lectionem per ultimum annum biennii quo remanere debent sub curâ Magistri Novitiorum, eâ tamen lege ut à solitis Novitiorum exercitiis nullatenùs dispensentur, excepto opere manuum quotidiano.

Expleto Novitiatûs tempore per quinquennium circiter studio Philosophiæ aut Theologiæ vacare teneantur, nec ullus eorum ad Præsbyteratus Ordinem promovendus mittatur, nisi absoluto Theologiæ cursu; si qui verò eorum Magistrum audire ac studia prosequi renuerit, per triennium ad Ordines promovendus non mittatur.

Quoties tractabitur in Conventu de admittendis ad Professionem Novitiis vel rejiciendis non requirentur, deinceps nec suscipientur vota, seu, ut vulgò dicitur, Balotæ absentium, sed qui præsentes fuerint in Capitulo ad sonum campanæ solito more Congregato, ipsi soli vocem habebunt & Balotas dabunt.

Novitius post decimum mensem à susceptione habitûs à Conventu ad emittendam professionem admissus repudiari non poterit, nec ad propria remitti à Senioribus Monasterii sine licentiâ Conventûs.

Conversi & Oblati in aliquo Monasterio admissi & recepti, non poterunt ad aliud Monasterium mitti, nisi de consensu tàm Superioris Monasterii in quo admissi fuêre, quàm illius ad quod destinantur. Cùm autem advenerit obitus supradictorum Fratrum Conversorum & Oblatorum, inscribentur eorum nomina in Necrologiis singulorum Monasteriorum, & fient pro ipsis eadem suffragia quæ fieri consueverunt pro Confratribus nostris.

Nullus Religiosorum deinceps promovendus ad Ordines mittatur sine Litteris dimissoriis Reverendi D. Superioris Strictæ Observantiæ Vicarii generalis Reverendissimi Abbatis; itemque nullus ad concionandum aut ad alia Ecclesiastica munia obeunda approbandus præsentetur nisi priùs ab eodem Superiore Vicario generali aut Visitatoribus obtentâ facultate.

Locales Monasteriorum Superiores suis Religiosis per sex tantùm dies remanendi extrà Monasterium relaxandi animi causâ licentiam concedere poterunt; idque dumtaxat eâ lege ut ultrà dictam non excurrant; quoad Magistros Scholarium eorum feriæ quindecim dierum terminum non excedant, qui quidem terminus prorogari non poterit sine speciali licentiâ Reverendi D. Suporioris Srictæ Observantiæ Vicarii generalis Reverendissimi Abbatis, aut Visitatorum in actu visitationis in scriptis obtentâ: Et qui prescriptum sibi terminum excesserit, cùm redierit ad Monasterium dicat culpam in Capitulo, & injungatur ei ne exeatè Monasterio per duos menses continuos.

Declaramus per Missam Conventualem non satisfieri eis pro quibus stipendia accipiuntur.

Qui deprehensi fuerint carnes comedisse tàm intrà quàm extrà Monasterium sine licentiâ sui Superioris, quæ numquam nisi in casu infirmitatis concedenda est, pœnam in statutis determinatam sustinere teneantur, nec ab eâ à Superiore possint dispensari.

Quando Religiosi mutabunt Mansionem, & ad alia Monasteria destinabuntur, prohibimus districtè ne secum ullos auferant libros, exceptis Novo Testamento, Breviario, Diurnali, Imitatione Christi, & Regula SS. Benedicti cum Praxi, & qui secùs fecisse convincti fuerint privati manebunt voce activâ & passivâ per sex menses.

Et quoniam plurimùm interest ut qui ad Collegium Cluniacense Parisiis mittuntur, tales sint qui ex litteris fructum non modicum percipere possint, nec ab Observantiâ regulari sub Studiorum pretextu deflectant; statuimus ut Visitatores in decursu visitationum suarum diligenter inquirant à Superioribus Monasteriorum necnon à Magistris tàm Novitiorum quàm Scholarium de majori vel minori eorum sufficientiâ, ingenii sagacitate, & morum probitate, ut de iis certiores facti, quos ad dictum Collegium Cluniacense præ cæteris eligendos judicaverint Capitulo Generali futuro significent.

Dicti Collegii scholares ter in hebdomada collationes inter se habebunt horâ ab eorum superiore ipsis assignandâ de rebus quas in scholis suis publicè audierint, fiantque prædictæ collationes præsente & moderante eas eodem Superiore.

Nulli Scholarium dicti Collegii Universitatis gradus obtinere vel assumere licitum erit sine licentiâ Reverendi D. Superioris Strictæ Observantiæ Vicarii generalis Reverendissimi Abbatis, & duorum Visitatorum in scriptis obtentâ, quam quidem licentiam eis non concedent, nisi Priùs dicti scholares litteras testimoniales sui Superioris in dicto Collegio exhibuerint.

Præcipimus eisdem Scholaribus ut singuli eorum suas studiorum inscriptiones necnon Magistrorum litteras testimoniales eidem Reverendo D. Strictæ Observantiæ Vicario generali Reverendissimi Abbatis tradant & apud ipsum servandas deponant.

Invigilabunt omnes Superiores ut Religiosi quibus commiserint horreorum & cellæ vinariæ curam, librum singularem habeant in quibus describent tàm suas expensas quàm receptas earum rationem reddituri quotannis mense Aprili coram Senioribus.

In Capitulo non legetur Constitutionum prima pars quæ tractat de regimine Ordinis, usque dum fuerit approbata.

Assistentes seu Consiliarii Rever. Dom. Superioris Strictæ Observantiæ Vicarii generalis Reverendissimi Abbatis, ipsi Superiori immediate subjicientur; Monasterium verò in quo mansionem habebunt ministrabit eis & sanis & infirmis necessaria, tàm pro victu & vestitu, quàm aliis ad honestam & religiosam sustentationem requisitis, nullam tamen vocem activam habebunt in Capitulo dicti Monasterii.

Quoniam multa in dies occurrunt negotia quæ celerem requirunt expeditionem, ut iis provideatur, Reverendum Domnum Joannem Hilarium Tripperet Decanum Sacræ Abbatiæ Cluniacensis, eligimus & constituimus Procuratorem generalem Strictioris Observantiæ Ordinis Cluniacensis, ad prosequendum, agendum & deffendendum omnia & singula negotia urgentia pro bono & utilitate Ordinis ubilibet locorum per se vel per alios ab eodem substitutos, qui solitum super hoc præstitit juramentum, idque usque ad proximum Generale Capitulum.

Monasteria pro Novitiis Strictæ Observantiæ instituendi sunt.

Sacra Abbatia Cluniacensis:
Prioratus Sancti Martini à Campis.

Sic signatum D. P. René Definitor. Fr. Fr. X. Pochard Definitor. D. Joannes Moraillon Definitor. D. Est. Sabbatin Definitor. F. Joannes Fricaud Definitor. J. Hilarius Tripperet Definitor.
F. Petrus Allard Definitor & Secretarius.

Monasteria pro Novitiis instituendis Antiquæ Observantiæ deputata sunt.

Prioratus Sancti Eutropii Xantonensis.
Prioratus Beatæ Mariæ de Ganagobiâ.
Prioratus de Fontibus.
Abbatia Beatæ Mariæ de Ageduno.
Prioratus de Abbatis-villâ.
Prioratus de Nantuaco, quem designamus quando vita Communis ibi stabilita fuerit, pro iis qui pro dicto Prioratu, & Abbatiâ de Balmâ, & Prioratu de Gigniaco recipientur Novitiis.

DECRETUM SPECIALE.

Quod spectat ad Monasteria in quibus decem aut duodecim Religiosi stabiliri nequeunt juxtà deliberationes processûs verbalis præsentis Capituli, statutum est in Definitorio communi quod interim in dictis Monasteriis Priores instituentur; eâ tamen lege ut dictorum institutio censeatur nulla & irrita à die unionis dictorum Monasteriorum aliis Monasteriis.

Electi sunt qui sequuntur Provinciarum Visitatores à Definitoribus Antiquæ Observantiæ.

IN PROVINCIA FRANCIÆ.

R. D. Petrus-Paulus de Buissy du Maisnil, Prior Claustralis de Abbatis-villâ.
R. D. Jacobus Clereau, Prior Claustralis de Sezannâ.

In Provinciâ Lugdunensi.

R. D. Joannes de Kessel, Prior in titulum de Cariloco.
R. D. Achilles de Bordes, Prior Claustralis de Ambertâ.

In Provinciâ Delphinatûs, Provinciæ Occitaniæ, Sabaudiæ & Comitatûs Avenionensis.

R. D. Pompeïus Raffin, Prior Claustralis de Valensoliis.

R. D. Francifcus de Geranton, Prior Clauftralis de Thincto.

In Provinciâ Arverniæ.

R. D. Francifcus Pefchamp, Prior Clauftralis Abbatiæ de Ageduno.
R. D. Cefar-Jofephus Birre, Prior Clauftralis de Cambonio.

In Provinciâ Pictavienfi & Xantonienfi.

R. D. Renatus d'Aubourg, Prior in titulum Sancti Eutropii Xantonenfis.
R. D. Francifcus de Thianges, Prior Clauftralis Thiernenfis.

In Provinciâ Vafconiæ & Hifpaniæ.

R. D. Petrus Palhaffe, Coadjutor de Fontibus.
R. D. Carolus d'Hauteville, Prior Clauftralis Monafterii-novi-Pictavienfis.

In Provinciâ Italiæ & Longobardiæ.

R. D. Gregorius Chardonnel, Prior in titulum de Bellavalle.
R. D. Francifcus Anna de Coëtlogon, Prior Clauftralis de Subterraneâ.

In Provinciâ Allemaniæ, Lotharingiæ, & Comitatûs Burgundiæ.

R. D. Leopoldus Buretel, Principalis Collegii Dolenfis.
R. D. Hieronimus Pothier, Prior Clauftralis fancti Viventii.

In Provinciâ Angliæ & Scotiæ.

R. D. Anna Marius Foriffier, Prior Clauftralis de Rivis.
R. D. Jofephus de Franfure de Villers, Prior in titulum de Vafto.

In Provinciâ Poloniæ.

Providebit Sereniffimus Abbas.

Vifitatores Monialium.

R. D. Joannes de Keffel, Prior in titulum de Cariloco.
R. D. Hieronimus Pothier, Prior Clauftralis fancti Viventii.

Priores Clauftrales Monafteriorum Antiquæ Obfervantiæ.

Prior Abbatiæ de Balmâ.	Providebit Sereniffimus Abbas.
Pr. Abbatiæ S. Theofredi Monafter.	Providebit Sereniffimus Abbas.
Pr. Abbatiæ de Longâ,	R. D. Ant. le Filaftre de la Hefferie.
Pr. Abbatiæ Sancti Ragneberti,	R. D. Joan. Gafpardus de Buinan.
Pr. Abbatiæ de Ageduno,	R. D. Francifcus Pefchamp.
Pr. Abbatiæ Thiernenfis,	R. D. Francifcus de Thianges.
Pr. Abbatiæ Menatenfis.	R. D. Ign. de Marfellanges d'Arçon.
Pr. Abbatiæ Lezatenfis,	R. D. de Montcla.
Pr. Cl. de Lehuno in fanguine Terfo,	R. D. Car. Fr. Hobacq. de Belleterre.
Pr. Cl. de Nogento-Retrodi,	R. D. Antonius Fourment.
Pr. Cl. de Abbatis-villâ,	R. D. Pet. Paul. de Buiffy du Maifnil.
Pr. Cl. Beatæ Mariæ de Gaya,	R. D. Ludovicus Lempereur.

Pr. Cl. S. Margaritæ de Elincuriâ, R. D. Gabriel le Cœur.
Pr. Cl. Sancti Juliani de Sezannâ, R. D. Jacobus Clereau,
Pr. Cl. de Gassicuriâ, R. D. Petrus le Blanc.
Pr. Cl. de Ambertâ, R. D. Achiles de Bordes.
Pr. Cl. de Subterraneâ, R. D. Francisc. Anna de Coëtlogon;
Pr. Cl. de Thisiaco, R. D. Joannes Veillart.
Pr. Cl. de Valensoliis, R. D. Pompeïus Raffin.
Pr. Cl. de Boniaco. R. D. Joannes Castaing.
Pr. Cl. de Joigniaco, Providebit Serenissimus Abbas.
Pr. Cl. Sancti Viventii, R. D. Hieronimus Pothier.
Pr. Cl. de Rivis, R. D. Anna Marius Forissier.
Pr. Cl. Montislucii, R. D. Francisc. Gaspardus Audoul.
Pr. Cl. de Thincto, R. D. Franciscus de Geranton.
Pr. Cl. de Nantuaco. R. D. de Perrest.
Pr. Cl. de Thornaco, R. D. Henr. de Belloy de Morangle.
Pr. Cl. de Carenaco, R. D. Blasius Coulon.
Pr. Cl. de Medezino, R. D. Guillelmus Despesses.
Pr. Cl. de Domenâ, R. D. Petrus de Marc.
Pr. Cl. de Mentulâ, R. D. Josephus Choüin.
Pr. Cl. de Cambonio, R. D. Cesar-Josephus Birre.
Pr. Cl. S. Reveriani, R. D. de Champriat.
Pr. Cl. Sancti Saturnini de Portu, R. D. Bartholomeus Gayot.
Pr. Cl. de Monte Alto, R. D. Josephus de Merigon.
Pr. Cl. S. Petri de Alvardo, R. D. Antonius du Fresne.
Pr. Cl. S. Joannis de Monte, Providebit Serenissimus Abbas.
Pr. Cl. S. Christophori de Halatâ, R. D. Ludovicus Devaux.
Pr. Cl. S. Romani de Puteo, R. D. Ludovicus Barollet.
Pr. Cl. S. Marcelli Diensis, Providebit Serenissimus Abbas.
Pr. Cl. S. Marcelli de Sauzeto, R. D. Claudius-Franciscus Butin.
Pr. Cl. de Cortenaïo, Providebit Serenissimus Abbas.

Procurator Generalis etiam in Curiâ Romana.

R. D. Petrus-Ludovicus l'Ecureau de Berchere.

Sic signatum † H. Arch. Viennensis, Abbas Generalis Cluniacensis; le Cœur Definitor. Rafin. Definitor. Daubourg, Prior Sancti Eutropii, Definitor. Debordes Definitor. Birre Definitor. Clereau Definitor. Dhauteville Definitor. de Berchere Definitor. Fr. P. René Definitor. F. Fr. X. Pochard Definitor. Fr. J. Moraillon Definitor. F. Stephanus Sabbatin Definitor. F. Jean Fricaud Definitor. J. Hilarius Tripperet Definitor. F. Petrus Allard Secret. Birre Secret.

Electi sunt viâ scrutinii Superiores Regiminis & Monasteriorum Strictæ Observantiæ à Definitoribus ejusdem Observantiæ.

Superior Strictæ Observantiæ & Vicarius generalis Rererendissimi Abbatis.
R. D. Joannes Fricaud.

Visitatores.

R. D. Franciscus-Xaverius Pochard, Pr. Cl. S. Marcelli Cabilonensis.
R. D. Claudius Baudinot, Pr. Cl. S. Arnulphi de Crespeïo.

Priores Claustrales Monasteriorum Strictæ Observantiæ.

Prior Cl. Abbatiæ Cluniacensis.	R. D. Petrus René.
Pr. Cl. Beatæ Mariæ de Caritate.	R. D. Petrus-Ludovicus Fricaud.
Pr. Cl. Sancti Martini à Campis,	R. D. Sebastianus Vincens.
Pr. Cl. SS. Pet. & Paul. de Sylviniaco,	R. D. Petrus Wallard.
Pr. Cl. SS. Petri & Pauli de Celcinis,	R. D. Joannes Moraillon.
Pr. Cl. S. Arnulphi de Crespeïo.	R. D. Claudin Baudinot,
Pr. Cl. S. Marcelli Cabilonensis,	R. D. Franc. Xaverius Pochard.
Pr. Cl. SS. Petri & Pauli de Radolio,	R. D. Guillelmus Despringles.
Pr. Cl. S. Stephani Nivernensis,	R. D. Stephanus Sabattin.
Pr. Cl. S. Dionisii de Carcere,	R. D. Antonius Reynaud.
Pr. Cl. S. Petri Monasteriensis,	R. D. Jacobus Fricaud.
Pr. Cl. B. M. de Monte-Desiderio,	R. D. Josephus Berthelon.
Pr. Cl. S. Lupi de Asserento,	R. D. Josephus Deshaires.
Pr. Cl. Abbatiæ de Mauzaco,	R. D. Ludovicus Taupin.
Pr. Cl. de Pomeriis,	R. D. Joannes-Baptista Maître.
Pr. Cl. de Borbonio,	Regimen providebit.
Pr. Cl. SS. Petri & Pauli de Coinciaco,	R. D. Bonaventura Roussel.
Pr. Cl. S. Martialis Avenionensis,	R. D. Nicolaus Lespinasse.
Pr. Cl. Beatæ Mariæ de Nantolio,	R. D. Josephus Denanes.
Pr. Cl. Beatæ Mariæ de Paredo,	R. D. Marcus-Antonius Dathose.
Pr. Cl. Sanctæ Crucis de Voltâ,	R. D. Ludovicus Matharel.
Pr. Cl. Beatæ Mariæ de Moraco,	R. D. Stephanus Garnaud.
Pr. Cl. de Marsiniaco,	R. D. Antonius Bullot.
Pr. Cl. Beatæ Mariæ de Longo-ponte,	R. D. Eustachius Vié.
Pr. Cl. S. Fidis de Longavillâ,	R. D. Ludovicus Parent.
Pr. Cl. S. Nicolai de Aciaco,	R. D. Vincentius Charbonnier.
Pr. Cl. Sancti Lizerii,	R. D. Petrus Dufaux.
Pr. Cl. S. Martini de Leyraco,	R. D. Josephus Roman.
Pr. Cl. de Cortenaïo,	Regimen providebit.

Superior Collegii Cluniacensis pro Scholaribus Strictæ Observantiæ, R. D. Tussanus Chatelus.

Consiliarii R. D. Superiori Strictæ Observantiæ Vicarii Generalis Reverendissimi Abbatis.

R. D. Antonius de Bansiere.
R. D. Gerardus Poncet.

Procurator Generalis pro Strictâ Observantiâ.

R. D. Joannes-Hilarius Tripperet.

Superiores Monasteriorum Comitatûs Burgundiæ.

Vicarius Generalis & Visitator, R. D. Leopoldus Buretel, Principalis Collegii Sancti Hieronimi de Dolâ.

Pr. Collegii S. Hieronimi de Dolâ,	R. D. Hieronimus Pelletier.
Pr. Cl. Beatæ Mariæ de Vallibus,	R. D. Paulus Perrin.
Pr. Cl. de Mortuâ-aquâ,	R. D. Stephanus Regnant.
Pr. Cl. Beatæ Mariæ de Castro,	R. D. Ambrosius Champereux.
Pr. Cl. S. Petri de Altâ Petrâ,	R. D. Columbanus Frere.
Pr. Cl. S. Desiderati Lædonensis,	R. D. Benedictus Jantot.
Pr. Cl. S. Petri de Vallecluſâ,	R. D. Simon Polii.
Pr. Cl. B. M. Tyrebracensis,	R. D. Antonius Villers.

Scholares & Bursarii Strictioris Observantiæ Collegii Cluniacensis.

D. Josephus Simon.
D. Martinus Solier.
D. Joannes Bouché,
D. Stephanus Andreau.
D. Ludovicus Huguet.
D. Ludovicus Hersant.
D. Bertrandus de Saint Vincent.
D. Alexander Poyet.
D. Claudius Taupin.
D. Philibertus Martine.
D. Augustinus Pierres.
D. Joannes-Franciscus Aubert.

Sic signatum, F. Petrus Allard, Scriba Capituli.

Lectæ & publicatæ fuerunt Definitiones hic suprà descriptæ in Capitulo Generali sacri Ordinis Cluniacensis, in præsentiâ Eminentissimi D. D. HENRICI DE THIARD DE BISSY, Cardinalis S. R. E. & Episcopi Meldensis, Regiorum Ordinum Commendatoris; Illustrissimi & Reverendissimi D. D. LUDOVICI DE LA VERGNE DE TRESSAN, Archiepiscopi Rothomagensis; & Clarissimi Domini LUDOVICI-FRANCISCI MABOUL Regi à Consiliis, Libellorum supplicum Magistri; Reverendissimo ac Serenissimo Principe HENRICO OSVVALDO A TURRE ARVERNIÆ, Archiepiscopo Viennensi, & miseratione divinâ & Sanctæ Sedis Apostolicæ gratiâ Abbate, Capite, Superiore & Administratore perpetuo Abbatiæ totiusque Ordinis Cluniacensis ibidem Præsidente cum Definitoribus, Abbatibus, Prioribus, Decanis & Administratoribus, Officiariis, Monachisque aliis Ordinis prædicti in Capitulo Collegii Cluniacensis ad sonum Campanæ congregatis, die undecimâ Octobris, anni millesimi Septingentesimi vigesimi-octavi, per Jacobum Judde & Nicolaum de Savigny, Notarios Regios & Apostolicos Diœcesis Parisiensis ad hoc vocatos & requisitos.

Sic signatum † H. Arch. Viennensis, Abbas Generalis Cluniacensis; le Cœur Definitor. Raffin Definitor, d'Aubourg, Prior Sancti Eutropii & Définitor. Debordes Définitor. Birre Definitor. Clereau Definit. Dhauteville Definitor. de Berchere Definitor. Fr. P. René Définitor. Fr. F. X. Pochard Definit. F. Jean Moraillon Definitor. F. St. Sabatin Definitor. F. Petrus Allard Definitor. F. J. Fricaud Définitor. J. Hilarius Tripperet Definitor. Le Cardinal de BISSY; LUD. Archiep. Rothom. MABOUL.

Sic extat & legitur in præsentium autographis apud dictum Magistrum de Savigny alterum è subsignatis Notariis depositis, & penès ipsum relictis. Sic signatum Judde, de Savigny.

Suit la teneur de l'Ordonnance de nosdits Seigneurs Commissaires, dudit jour onze Octobre 1728, déposée pour minutte audit Me. de Savigny par ledit Dom Allard, Secretaire dudit Chapitre General, par Acte du douze dudit mois d'Octobre, étant en marge de celui dudit jour onze Octobre, de depost dudit Procès verbal & desd. définitions.

NOUS HENRY DE THIARD DE BISSY, Cardinal de la Sainte Eglise Romaine, Evêque de Meaux, Commandeur des Ordres du Roy.

LOUIS DE LAVERGNE DE TRESSAN, Archevêque de Roüen, Primat de Normandie.

LOUIS-FRANCOIS MABOUL, Chevalier, Conseiller du Roy en ses Conseils, Maître des Requêtes ordinaire de son Hôtel, Commissaires nommez par Sa Majesté pour assister au present Chapitre General de l'Ordre de Cluny, avons donné Acte, tant au sieur Abbé de Cluny, qu'aux Définiteurs de l'une & l'autre Observance dudit Ordre de leurs dires & requisitions contenuës au Procès verbal dud. present Chapitre, Nous reservant de donner notre avis à Sa Majesté sur tout le contenu en icelui, & notamment sur ce qui peut interesser la Discipline du College de Cluny à Paris, les Reglemens qui doivent être faits pour l'administration des biens & revenus en dépendans, & les contestations concernant ledit College; ensemble sur l'aggregation de l'Abbaye du Monestier Saint Chaffre audit Ordre de Cluny, & sur les moyens de parvenir à l'execution du Projet d'union des petites Communautez, pour former des Conventualités de douze ou dix Religieux au moins, pour sur le rapport qui sera fait du tout à Sa Majesté, être par Elle ordonné ce qu'il appartiendra. FAIT au College de Cluny à Paris le onziéme jour d'Octobre mil sept cens vingt-huit. Signé le Cardinal de BISSY, † LOUIS Archevêque de Roüen, MABOUL. Ainsi signé Judde, de Savigny.

46

DEFINITIONS ET ORDONNANCES du Chapitre General de l'Ordre de Cluny, tenu au College dudit Ordre à Paris le 26. Septembre & jours suivans de l'année 1728. faites dans le petit Définitoire par les Définiteurs reservés par ledit Chapitre General, au College de Cluny à Paris.

Du douze Octobre mil sept cens vingt-huit.

VU la Transaction passée entre Dom de la Ronsiere, Prieur titulaire de Salles, & le sieur de Champrenard, du troisiéme Novembre 1725. ratifiée par Dom de Kessel, nous l'avons ratifiée & confirmée.

Vû la Requête de Dom Gayot Prieur Claustral du Pont saint Esprit, tendante à être payé des frais de la Visite du College de Cluny à Paris, pour laquelle il auroit été nommé & commis par le Chapitre General de 1711. avec Dom Marin Grand Prieur, Dom Prieur Prieur Claustral de Longueville & Dom le Cœur Prieur Claustral d'Elinçourt, à l'execution de laquelle Visite seroient survenuës des difficultés qui auroient empêché de faire ladite Visite; que néanmoins il auroit fait les frais de transport, sejour & retour, & que ses Adjoints ayant éte payez, il devoit être pareillement payé, pourquoi ledit D. Gayot se restraint à la somme de soixante livres: Avons ordonné que led. Gayot sera payé sur les revenus dudit College de la somme de soixante livres pour les frais de ladite Visite.

Sur la Requête presentée par Dom de Kessel Prieur titulaire de Charlieu, & vû les plaintes qui ont été adressées de toutes parts sur la conduite scandaleuse de Dom François Tiran Prêtre, Sacristain dudit Prieuré de Charlieu, Nous avons ordonné qu'il sera envoyé en Pénitence pendant trois ans au Prieuré de saint Eutrope de Xaintes, ou à l'Abbaye du Moutier d'Ahun, pour y vivre sous l'obéïssance & discipline du Superieur de l'une desdites deux Maisons qui lui sera indiquée par ledit Dom de Kessel, pour y reprendre l'esprit de son état; & qu'à cet effet, sa pension y sera payée par avance, quartier par quartier au Procureur Syndic de la Communauté où il sera envoyé, par les soins & la vigilance dudit Dom de Kessel & de la Communauté, & au cas que ledit Dom Tiran refuse d'obéïr, permis audit Dom de Kessel d'implorer le bras séculier pour l'y obliger.

Vû la Requête presentée par Dom Achiles de Bordes, Prieur Claustral d'Ambierle, contre la vie scandaleuse & dereglée de Dom Hunaut Prêtre, Religieux Mansionaire dudit Prieuré; Nous avons ordonné & ordonnons que ledit Dom Hunaut sera envoyé en pénitence au Doyenné de saint Vivant pendant trois ans, pour y vivre sous l'obéïssance &

discipline du Superieur dudit Doyenné de saint Vivant, & y reprendre l'esprit de son état; à l'effet dequoi, la pension dudit Dom Hunaut sera payée au Procureur Syndic dudit saint Vivant, quartier par quartier, & par avance, par les soins dudit Dom de Bordes, & du Procureur Syndic de sa Communauté; & où ledit Don Hunaut seroit refusant d'obéir, il sera permis audit Dom de Bordes de recourir au bras séculier pour l'y contraindre.

Du Mercredi 13. *Octobre* 1728.

Vû la Transaction passée entre Monsieur le Comte de Valbelle, Seigneur de Ribieres d'une part, & le sieur Joseph Balthasar Ricard Prieur Commendataire du Prieuré dudit Ribieres dépendant de l'Ordre de Cluny d'autre, en date du 27. May 1725. ensemble l'avis de Dom Gassaud Vicaire general de S. A. Monseigneur l'Abbé general de Cluny, & Visiteur en la Province de Dauphiné & Provence; Nous avons icelle Transaction confirmée & homologuée pour avoir son effet.

Vû la Requête de Dom Palhasse Coadjuteur de Fons, tendante à être payé des frais d'une Visite extraordinaire par lui faite, en vertu de la Commission à lui adressée par S. A. Monseigneur notre Abbé general, au Monastere des Religieuses du Prieuré de Longueville de Gayac, Avons ordonné & ordonnons, eu égard à la pauvreté dudit Monastere, que la Dame Prieure & les Religieuses d'icelui, payeront audit Dom Palhasse la somme de quarante livres pour les frais de la Visite dont est question.

Vû la Requête de Dom Palhasse Coadjuteur du Prieuré de Fons, tendante au payement de la somme de cent livres par Dom Disses Religieux du Prieuré de Bonny, avons ordonné & ordonnons que si ledit Dom Palhasse ne peut être payé par la médiation d'amiables compositeurs en conformité des Statuts des Chapitres generaux, il se pourvoira par les voyes de droit.

Vû la Requête de Dom Jean Maître Religieux de l'Etroite Observance de l'Ordre, Prieur titulaire du Prieuré de Saint Jean de Mezin, tendante, 1°. A ce que la nomination des Manses vacantes audit Prieuré lui appartient. 2°. A ce que le revenu des Manses vacantes lui appartient pareillement. 3°. A ce que Dom Despesse Prieur Claustral dudit Prieuré soit débouté de ses prétentions d'une double pension. 4°. Et enfin que ledit Dom Despesse soit aussi débouté de la demande qu'il fait d'être payé des frais de Voyage aux Chapitres Generaux. Vû aussi le Mémoire dudit Dom Despesse, servant de réponse à ladite Requête: Nous Définiteurs reservez par le Chapitre General de la presente année, attendu que nous ne pouvons convenir entre nous, avons renvoyé ladite Requête, ensemble ledit Mémoire, aux deux Procureurs generaux de nos Observances, pour se faire regler entr'eux par l'avis de deux Avocats; & en cas d'avis different, par celui d'un tiers, pour être leur avis suivi par provision, & ensuite être déferé au prochain Chapitre General.

Vû la Requête de Dom Thomas Dufaux ci-devant Prieur Claustral du Doyenné de Carenac, & de Dom Delché, l'un & l'autre de l'Etroite Obſervance de l'Ordre, tendante à ce que le Prieur Clauſtral & la Communauté des Religieux Anciens actuellement établis audit Prieuré de Carenac, ſoient tenus de payer auſdits Dom Dufaux & Delché ce qui leur revient du ſervice & de l'acquit des fondations par eux faites audit Doyenné depuis Noël 1727. juſqu'au 3. May 1728. Nous Définiteurs reſervez par le Chapitre general de la preſente année, avons ordonné & ordonnons que le Prieur Clauſtral & la Communauté dudit Doyenné de Carenac, payeront à Dom Dufaux & à Dom Delché ce qui peut leur être dû au prorata du ſervice & deſſerte des fondations qu'ils ont acquittées audit Carenac, juſqu'au jour qu'ils ont quitté ledit Monaſtere.

Vû la Requête de Dom Claude Gallien Religieux du Prieuré d'Ambierle, tendante à être payé des arrerages qui peuvent lui être dûs ſur les fondations & le petit Couvent dudit Prieuré, Nous Définiteurs reſervez par le Chapitre General de la preſente année, avons ordonné & ordonnons que le Procureur Syndic dudit Prieuré, Receveur des fondations d'icelui, payera audit Dom Gallien tout ce qui peut lui être dû & revenir deſd. fondations & du petit Couvent, à l'effet dequoi en ſera fait un compte exact, & les deniers remis entre les mains de telle perſonne qui ſera indiquée par ledit Dom Gallien, & par ſa procuration en cas d'abſence

Du Jeudi 14.e Octobre mil ſept cens vingt-huit.

Vû la Requête de Dom Jean Monſſinat Prêtre, Religieux de l'Abbaye de Lezat; enſemble le Procez verbal de Viſite reguliere faite audit Monaſtere par Dom Raffin Viſiteur de l'Ordre le 26. Octobre 1724. par lequel il eſt conſtaté que les infirmités dudit Dom Monſſinat ſont ſi grandes que ledit Dom Raffin n'auroit pû s'empêcher de le diſpenſer de toutes fonctions du Service Divin, par laquelle Requête ledit Dom Monſſinat requiert que Dom Deſclaux Syndic de ladite Abbaye lui reſtituë la ſomme de trente livres qu'il lui a retenue, ſous prétexte des hebdomades que ledit Dom Monſſinat n'a pas remplies, enſemble d'être déchargé de toutes fonctions & aſſiſtances à l'Office Divin: Nous Définiteurs reſervez par ledit Chapitre General de l'année preſente, avons ordonné & ordonnons que ledit Dom Deſclaux reſtituë audit Dom Monſſinat ladite ſomme de trente livres; & attendu les infirmitez connues dont ledit Dom Monſſinat eſt attaqué, le diſpenſons de toutes hebdomades & même de l'aſſiſtance au Service Divin, tant que ſes infirmités continueront, avec défenſe audit Syndic & à la Communauté de ladite Abbaye de retenir aucune choſe audit Dom Monſſinat, ſous prétexte de non ſervice & de non aſſiſtance, & ce juſqu'à ce qu'il ſoit conſtaté par les Superieurs Majeurs que la ſanté dudit Dom Monſſinat ſoit aſſez regulierement rétablie.

Vû la Requête de Dom Foriſſier Prieur Clauſtral de Ris, contenant la mauvaiſe conduite, les excès & violences du ſieur Garnier ſoidiſant Sacriſtain de l'Abbaye de Thiers; le Procès verbal en datte du 17. Janvier 1727. des excès & violences commiſes dans l'Egliſe de ſaint Simphorien dudit Thiers par ledit ſieur Garnier en la perſonne de Me. Cloüet Curé dudit S. Simphorien ; le Decret de l'Official de Clermont en datte du 15. Février 1727. d'ajournement pour être oüi & interrogé, prononcé contre ledit ſieur Garnier ; deux Certificats en datte l'un & l'autre du 23. Mars 1727. & ſur la même feüille par M. Dulin Curé de la Ville de Thiers, & par M. Peruſel Curé de ſaint Juſt en Chevalet, de la mauvaiſe & ſcandaleuſe conduite dudit ſieur Garnier ; autre Certificat en datte du 26. Avril 1727. de l'indignité & mauvaiſe conduite dudit ſieur Garnier, ſigné Dulin Curé de Thiers ; autre Certificat en datte du 27. Avril 1727. de la mauvaiſe conduite dudit ſieur Garnier, ſigné la Pierre, Superieur du Seminaire de Thiers ; Lettres miſſives de Monſeigneur l'Evêque de Clermont en datte du 28. Avril 1727. par laquelle, ſur la connoiſſance qu'il a de la mauvaiſe conduite dudit ſieur Garnier, il repreſente qu'il n'eſt pas de l'honneur de l'Ordre d'y recevoir un ſujet ſi diffamé ; une Lettre miſſive dudit ſieur Garnier en datte du 30. Avril 1727. ſervant de Mémoire juſtificatif contre les ſuſdites accuſations : Nous Définiteurs reſervez par le Chapitre General de la preſente année, ſans avoir égard aux moyens de juſtification articulés par ledit ſieur Garnier, défendons à tous Viſiteurs & Superieurs des Monaſteres de l'Ordre, de favoriſer l'entrée dans l'Ordre audit ſieur Garnier, & ſupplions très-humblement Monſeigneur nôtre Abbé de joindre l'Autorité de Son Alteſſe pour l'execution de notre preſente Ordonnance, & ſera icelle remiſe entre les mains de Dom de Berchere Procureur general de l'Ordre, pour être executée ſelon ſa forme & teneur.

Vû la Lettre miſſive de Dom Caldagne Prieur Clauſtral de Bort, en datte du 17. Septembre 1728. addreſſée à S. A. Monſeigneur nôtre Abbé, & par elle remiſe aux Auditeurs des cauſes ; la Procuration en datte du 23. Octobre 1717. donnée par M. de Becdelievre Préſident à Mortier au Parlement de Roüen frere de Dom de Becdelievre Prieur regulier dudit Bort, aux fins de regir, gouverner & adminiſtrer les biens & revenus dudit Prieuré de Bort, retirer l'argent & effets dudit Dom de Becdelievre Prieur, recevoir tous les revenus dudit Prieuré de Bort, &c. Par laquelle ſuſdite Lettre il eſt conſtaté de la démence & foibleſſe d'eſprit dudit Dom de Becdelievre, & qu'il eſt abandonné à la diſcretion des domeſtiques qui abuſent de l'état où ſe trouve ledit Dom Prieur dans l'adminiſtration, tant du ſpirituel, que du temporel. Pourquoi requiert ledit Dom Caldagne qu'il y ſoit pourvû. A ces Cauſes, ayant égard aux ſuites facheuſes qui pourroient arriver de l'état où ſe trouve ledit Dom de Becdelievre, & pour réparer ce qui pourroit avoir été fait contre le bon ordre juſqu'à preſent, Nous Définiteurs reſervez par le Chapitre General de la preſente année, avons ordonné & ordonnons qu'à la diligence du Procureur general de l'Ordre, il ſera inceſſamment nommé juridiquement un Religieux de l'Ordre, Curateur à la démence dudit Dom de Becdelievre Prieur regulier dudit Bort, pour regir ledit Prieuré *in Spiritualibus & Temporalibus*. Et pour l'execution de notre preſente Ordonnance, ſera icelle remiſe entre les mains dudit Dom Procureur general.

Vû un Mémoire de Dom d'Aubourg Prieur regulier du Prieuré de ſaint Eutrope de Xaintes, contenant les raiſons pour recevoir dans ſon Prieuré Dom Leonard Sennemant ; enſemble une Lettre miſſive au même ſujet, le tout adreſſé à S. A. Monſeigneur notre Abbé ; enſemble copie du Bref de Tranſlation dudit Dom Sennemant Religieux de la Congregation de ſaint Maur dans l'Ancienne Obſervance, Nous Definiteurs reſervez par le Chapitre General de la preſente année, avons renvoyé le tout à S. A. Monſeigneur nôtre Abbé.

Vû la Requête de Dom Sebaſtien de Vaujany Religieux refecturier & Syndic du Prieuré de Domene, tendante à l'execution des Ordonnances des Viſiteurs, & particulierement de celles faites audit Prieuré le 10. Octobre 1725. par laquelle ledit Dom de Vaujany ſe plaint auſſi de la conduite de Dom Didier Sacriſtain titulaire dudit Prieuré, Nous Definiteurs reſervez par le Chapitre General de cette preſente année, avons ordonné & ordonnons qu'en attendant qu'il ſoit informé par les Grands Vicaires, ou par les Viſiteurs de la Province en cours de Viſite, de la conduite, vie & mœurs dudit Dom Didier, enſemble ſur la diſſipation des effets de ſondit Office de la Sacriſtie, que Dom Prieur Clauſtral l'obligera par les voyes de droit de remplir ſes devoirs & obligations pour tout ce qui concerne la Sacriſtie & le ſervice de l'Egliſe ; & qu'à l'égard des demandes formées contre le ſieur Prieur Commendataire, dont l'inſtance eſt pendante au Grand Conſeil, il en ſera fait la pourſuite par le Syndic de ladite Communauté, ainſi qu'elle aviſera, ſans avoir égard à l'oppoſition dudit Dom Didier.

Du Vendredi 15. *Octobre* 1728.

Vû la Requête de Dom la Feriere, Dom André, Dom Desbettes, Dom Nourri, Dom Cuſſonel, & Dom Deſclaux, tous Religieux de l'Abbaye de Lezat, tendante à être payés de quelques diſtributions, Nous Définiteurs reſervez par le Chapitre General de la preſente année, avons renvoyé ladite Requête aux Viſiteurs de la Province, pour y être fait droit ainſi qu'il appartiendra en cours de Viſite.

Vû la Requête de Dom Blaiſe Coulon Prieur Clauſtral du Doyenné de Carenac, tendante 1°. A ce qu'il lui ſoit adjugé la ſomme de cinquante livres ſur les revenus de la Communauté, pour pourſuivre l'inſtance pendante au Grand Conſeil contre le Curé d'Argentat, lequel uſurpe audit Doyenné des biens conſiderables. 2°. A ce que par les Viſiteurs de la Province il ſoit enjoint à Dom de la Ramiere Religieux dudit Carenac de vivre avec plus de ſubordination, & de mener une vie plus édifiante, Nous Definiteurs reſervez par le Chapitre general de la preſente année, avons ordonné & ordonnons que la Communauté dudit Carenac remettra entre les mains dudit Dom Coulon Prieur Clauſtral, ou de tel autre Religieux qu'elle nommera pour pourſuivre les affaires de la Communauté, les ſommes néceſſaires pour le jugement de l'affaire dont eſt queſtion ; Et à l'égard dudit Dom de la Ramiere, enjoignons aux Viſiteurs de la Province en cours de Viſite, de prendre connoiſſance de ce dont il s'agit, & de punir ledit Dom de la Ramiere s'il s'écarte de ſon devoir, tant envers ſon Superieur, que par ſa conduite.

Vû la Requête de Dom Achilles de Bordes Prieur Claustral du Prieuré d'Ambierle ; ensemble la Sentence contradictoire renduë le 19. May de la presente année 1728. par R. D. de Kessel Vicaire general de S. A. Monseigneur notre Abbé, & Visiteur de la Province, entre les Religieux dudit Ambierle d'une part, & Dom Jean-Baptiste Hunaut aussi Religieux dudit Ambierle d'autre part, Nous Définiteurs reservez par le Chapitre General de la presente année, avons confirmé & ratifié ladite Sentence, & ordonné qu'elle sortira son effet selon sa forme & teneur.

Vû la Requête de Dom Ignace de Marcellange Darçon Prieur Claustral de Menat, tendante à ce qu'il soit ordonné que le sieur Abbé de l'Abbaye dudit Menat lui payera les frais par lui faits pour se rendre aux Chapitres Generaux de l'Ordre tenus à Paris en 1725. & en la presente année, Nous Définiteurs reservez par le Chapitre General de la presente année, avons ordonné & ordonnons que ledit sieur Abbé de l'Abbaye de Menat payera audit Dom de Marcellange Darçon, Prieur Claustral de ladite Abbaye, pour les frais des voyages dont est question, la somme de six livres par jour, à raison de dix lieuës par jour, conformément aux Arrêts du Grand Conseil, & faute par ledit sieur Abbé de Menat de satisfaire à notre presente Ordonnance, permis audit Dom Prieur Claustral de se pourvoir par les voyes de droit.

Vû un Mémoire de plaintes présenté par Dom Dupoüy Religieux de Montaut contre Dom Merigon Prieur Claustral dudit Montaut, par laquelle entr'autres choses, il se plaint que Dom Merigon lui retient tant les revenus de sa Manse, que ce qui lui revient des obits & fondations ; ensemble les pieces y jointes ; Nous Définiteurs reservez par le Chapitre General de la presente année, avons le tout renvoyé au Vicaire general de la Province, ou aux Visiteurs d'icelle dans le cours de Visite pour y être fait droit, & en attendant, enjoignons audit Dom Merigon Prieur Claustral de remettre & restituer audit Dom Dupoüy, à sa premiere requisition tout ce qui peut lui revenir de sa Manse & des Obits jusqu'à present.

Vû les Copies envoyées par Dom Blaise Coulon Prieur Claustral de Carenac, & de lui signées, 1°. De l'Ordonnance renduë le 26. Août 1728. par Dom Despesses Commissaire nommé par S. A. Monseigneur notre Abbé General. 2°. Des Actes & Ordonnances faites par ledit Dom Coulon, en consequence de la susdite Ordonnance dudit Dom Despesses Commissaire, des 24. 25. & 28. Septembre de la presente année ; Nous Définiteurs reservez par le Chapitre General de la presente année, avons confirmé la susdite Ordonnance de Dom Despesses Commissaire de S. A. Monseigneur nôtre Abbé, ordonné & ordonnons qu'elle sera executée selon sa forme & teneur, & enjoignons aux Visiteurs de regler les differends survenus à l'occasion d'icelle, entre ledit Dom Coulon Prieur Claustral, & Doms de la Ramiere & Sol Religieux dudit Carenac. Ainsi signé, Raffin Définiteur, F. Pierre Allard Définiteur, Clereau Définiteur, D. F. X. Pochard Définiteur.

Du Lundi 18. *Octobre* 1728.

Vû la Requête de Dom Guillaume la Ferriere, Dom Jean André, Dom

Antoine Desbettes , Dom Charles Nourry, Dom Cuſſonel & Dom Jean-Baptiſte Deſclaux, tous Religieux de l'Abbaye de Lezat, tendante à ce qu'en interpretant nôtre Ordonnance du 15. Octobre preſents mois & an, il fût ordonné qu'ils ſeroient payez par le Syndic de la Communauté dudit Lezat de tout ce qui revient à chacun d'eux pour leurs Manſes Monacales ; Nous Définiteurs reſervez par le Chapitre General de la preſente année, avons ordonné & ordonnons que le Syndic de la Communauté de ladite Abbaye de Lezat payera auſdits Doms de la Ferriere, André, Desbettes, Nourry, Cuſſonel & Deſclaux, Religieux Manſionaires de ladite Abbaye, & à chacun d'eux tout ce qui peut leur revenir & être dû pour raiſon de leurſdites Manſes ; & ayant égard à leur ſituation & abſence du Monaſtere, recommandons & enjoignons autant que beſoin eſt, & peut être, à Dom Procureur General de l'Ordre de tenir la main à l'execution de nôtre preſente Ordonnance, afin de procurer auſdits Religieux inceſſamment & ſans delai la ſubſiſtance dont ils ont beſoin. DONNE' au College de Cluny à Paris ce 18. Octobre 1728. Ainſi ſigné, Raffin Définiteur, Clereau Définiteur, F. Pierre Allard Définiteur, D. F. X. Pochard Définiteur.

SERENISSIME AC CELSISSIME Princeps, Protector Clementissimè, totumque Venerabilissimum Capitulum.

QUAM gratiosissimæ nobis singulis indignissimis Matris inclitæ Cluniaci filiis extent litteræ, indictionis Capituli Generalis Ordinis Cluniacensis, Parisiis celebrandi, nec animus eloqui idoneus. Sat matris inclitæ Cluniaci nativi amoris, deperditos per tot sæcula in exteris nationibus quærere filios, eosdem & à procul gratioso fovere amplexu in suoque sinu, uti verè genitos gestare. Sed nec in filiis indignissimis filialis erga matrem inclitam Cluniacensem tepuit obsequentia, non refriguit exuberans amor, dum & funera Professionis nostræ non consepeliunt, pluris estimandam ac venerandam memoriam almæ Congregationis Cluniacensis, imò eum caractere Professionis singulorum pectori revirescit insculpta. Novimus, SERENISSIME AC CELSISSIME PRINCEPS, fontem à quo emanavimus, de cujus usque nunc viventibus aquis uberiores haurimus gratias. Attendimus ad Petram ex qua excisi sumus. Recognoscimus supremum caput infima membra, veros nos hujus inclitæ Matris esse protestamur filios. Sed prò dolor! Aliquantulum ingemiscere cogimur; dum à quibusdam Monachis sanctæ Crucis, Congregationis Cassinensis, per gravem strepitum juris, per Decreta Sedis Apostolicæ, à sinu Matris nostræ, à Petra & capite, rescindi, retrahi & avelli stimulamur, verissimi filii. Ex altera parte solemnem canimus triumphum, dum hac in causa, Serenissimam ac Celsissimam Majestatem suo ac nomine Procuratoris Generalis Ordinis Cluniacensis Protectricem ac propitiam Romæ extitisse experti sumus. Obstitit & Respublica Polona, ad nos in forma solita, mittenda inhibitionem seriam, ne novellam attentam sub confiscatione bonorum acceptemus Congregationem dictam Polono Benedictinam, donec aliter definiatur in Comitiis generalibus Regni proximè celebrandis, nobis hancce definitionem ac resolutionem expectantibus; ac non obstante ratione, adhuc litteris vocatoriis ad Capitulum Generale obtemperando, comparuissemus, ni tam exiguum temporis spatium, tam longum iter, pro tempore assignato conficiendi, tum etiam in Consiliis cum Fratribus longè quia aliis supra centum milliaria à Conventu Provinciali manentibus, coadunandi habuissemus. Superscriptio etenim litterarum (tantum in Polonia) tanquam incompleta, easdem litteras in visceribus Poloniæ longiori detinuit tempore, & nobis tempestivam earumdem litterarum impediit receptionem. Parces ergo, SERENISSIME PRINCEPS, Caput Congregationis Cluniacensis indignissimorum membrorum hoc tempore non comparentibus vasalis, benevola fronte recipies Vicariam litteram, submissionis profundissimæ, veratioris, quia filialis recognitionis plusquam paratos, uti filios obedientiæ ad omnem nutum, vere habendos Clientes. Deosculamur omnes & singuli, dignissimas Serenissimæ ac Celsissimæ Majestatis plantas, sternimur proni in facie totius Venerabilis Capituli Cluniacensis. Dolemus supra carentiam fraterni amplexus, cum Fratribus; quia ejusdem Patris filiis, ossa de ossibus, caro de carne. Deflemus infelicitatem nostram non comparitionis ut pote impeditæ. O quis nobis singulis daret pennas sicut colombæ, evolaremus ad osculum plantarum Serenissimæ ac Celsissimæ Majestatis, ad amplexum fratrum, & requiesceremus in sinu Matris nostræ inclitissimæ. Sed quid nobis miseris restat, deprecanda tantummodo Serenissima & Celsissima Majestas, flexoque poplite dicenda culpa, in facie totius Venerabilissimi Capituli Cluniacensis, quam culpam per hanc Vicariam litteram dicimus singuli, supplicando quatenus Serenissima ac Celsissima Majestas, nos uti verissimos Clientes, suos nativos matris Cluniaci filios, Romæ apud Sanctam Sedem suâ autoritate defendere, non desierit, à pretensaque unione Cassinensi, tamquam membra Cluniaci immunes evadere fecerit. Et nos prosperrimos ac fautissimos omni in puncto apud supremum numen indignissimis orationibus precando successus suæ Serenissimæ ac Celsissimæ Majestati cum omni profundissima submissione perenni voto & cultu manemus.

SERENISSIMÆ AC CELSISSIMÆ MAJESTATIS
VESTRÆ Protectoris Clementissimi,

Indignissimi servi & pro incolumitate obligatissimi Exoratores,

Pr. Columbanus Gniatkieroiez, Ordinis Sanctissimi Patris Benedicti Prior & Custos Tynetensis Congregationis Sacræ Cluniacensis nomine Archicænobii Tynet. M. B.

Pr. Venceslaus Dobrzauski Ordinis Sanctissimi Benedicti Philosophiæ Lector actualis, nec non Secretarius Capituli Juratus M. B.

Litteræ ad nos dirigi debent sub tali superscriptione in Polonia Cracoviæ.

Tinetis 20. Augusti 1728.

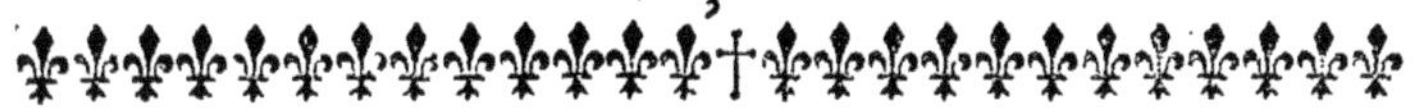

CAPITULUM GENERALE TOTIUS ORDINIS Cluniacensis in Collegio suo Parisiensi convocato.

DILECTISSIMIS FILIIS ORDINIS sui in Florentissimo Poloniæ Regno alumnis & Fratribus, salutem ab eo qui mandat salutes Jacob.

EST equidem Cluniacensi Ordini non modicæ lætitiæ ratio, FILII DILECTISSIMI, videre vos etiamnum erga matrem vestram hanc, ut decet, affectos, dum pia illa scilicet à quatuor ventis colligere satagit alumnos quorum tam pauci sunt iis temporibus qui veniant ad solemnitates ejus præclaras. Alios bella, hæreses alios, & alios vana populorum politica eripuit; sed vos tenebræ illæ numquam comprehenderunt lucis filios & avitæ unitatis retentissimos, atque ad corpus congregari semper faciles aquilas Polonicas, & vel in hoc certè uno ac solo ruinas antiquas erigere, & se hæreditates posse instaurare dissipatas, sibi gratulatur Ordo celeberrimus. Quam ergo nobis fuisset optandum ut propositum quod proposueratis sistendi vos ad Capitulum Generale, opere complessetis, non est dubium etenim quin ex vestrâ multum commendabili conversatione plurimum in totam Congregationem nostram redundasset utilitatis; in commune vobiscum libentissimè decrevissemus quod bonum est in oculis Domini, quod decet Sanctos, quod expetit Professio omnium Christianissima vestrorum exemplis provocati & stimulati nostri, & antiquas leges faciliùs adhuc essent secuti & novas alacriùs amplexi, sed excusationibus vestris, ut pote justis, mæsti licet assentimur, easque ut pareft suscipimus, quod angustiæ temporum, quod intervalla locorum præpedierunt, hoc suo modo egregiè supplet Vicaria vestra Epistola in quâ animos, nec à majorum instituto degeneres, nec matris venerandæ amore singulari indignos lætabundi agnoscimus.

Quod vero spectat ad inauditam illam & pertinacem Congregationis extraneæ prætensionem machinationemque quâ modis omnibus sibi vos hæreditatem & plebem nostram satagit acquirere imo & extorquere, promisit Serenissimus ac Clementissimus Princeps Abbas noster, promisit Ordo totus sese nihil non effecturos tum Romæ, tum apud Serenissimam vestram rempublicam, ut deficiant sufflatores in viâ & malitiæ eorum non sint consumptæ. Promisit Princeps Serenissimus, & promissis certò confidite, Fratres amatissimi, potens est enim & optimus qui promisit, immensa ejus in Ordinem nostrum merita ac munificentia bonitatem ostendunt, ostendunt potentiam tum gratia pecularis quâ apud primariam Ecclesiæ sedem pollet, tum ea quæ ipsi ex ejus cum Serenissimis Principibus vestris affinitate in vestro Florentissimo regno feliciter competit, tum denique inclita illius origo in totâ latè Eutropâ notissima.

Eſt enim ille de Turri illa altera Davidica Arverniæ ex quâ mille Clypei pendentes toties fuerunt ad Regum Chriſtianiſſimorum defenſionem, ad Eccleſiæ univerſæ præſidium & vindictam efficaciter implorati & adhibiti.

Fortes igitur eſſe vos & pro parte veſtrâ obſiſtere prava molientibus hortatur & jubet mater veſtra colendiſſima, Filii amantiſſimi, pignus eſt promiſſionis ſuæ, Decretum in gratiam veſtri conditum quod ad vos mittit, cujuſquidem decreti dum executioni totis viribus indeſinenter invigilabimus, orationi inſtate vos vigilantes in eâ in gratiarum actione, orantes pro opere tanto & pro invicem, ut ſalvemur. Datum Pariſiis in Collegio Cluniacenſi die nonâ Octobris, ſtantibus Comitiis generalibus, anno milleſimo ſeptengenteſimo vigeſimo-octavo.

De Mandato Capituli Generalis ſignatum,
D. Joſephus Birre Definitor & Scriba Capituli.
F. Petrus Allard Definitor & Scriba Capituli.

www.ingramcontent.com/pod-product-compliance
Ingram Content Group UK Ltd.
Pitfield, Milton Keynes, MK11 3LW, UK
UKHW020253220726
13923UKWH00002B/911

9 782019 496098